Lieblingsplätze

OSTFRIESISCHE INSELN

Lieblings-plätze

OSTFRIESISCHE INSELN

GMEINER

KNUT DIERS

Autor und Verlag haben alle Informationen geprüft. Gleichwohl wissen wir, dass sich Gegebenheiten im Verlauf der Zeit ändern, daher erfolgen alle Angaben ohne Gewähr. Sollten Sie Feedback haben, bitte schreiben Sie uns! Über Ihre Rückmeldung zum Buch freuen sich Autor und Verlag: lieblingsplaetze@gmeiner-verlag.de

Sofern nicht im Folgenden gelistet, stammen alle Bilder von Knut Diers:
Nicolas Chibac/Staatsbad Norderney GmbH 76; Denis Metz 92; Patrick Kösters/Knipswerkstatt 156, 158

Mit freundlicher Unterstützung der Ostfriesische Inseln GmbH

ostfriesische
inseln
natürlich. immer anders.

Die Ostfriesische Inseln GmbH wurde als Dachmarke der Inselgruppe in der Nordsee gegründet. Das Ziel: die Stärken der Ostfriesischen Inseln nach außen tragen und sie als international führende Urlaubsregion etablieren. www.ostfriesische-inseln.de

Besuchen Sie uns im Internet:
www.gmeiner-verlag.de

1. Auflage 2020

Im Ehnried 5, 88605 Meßkirch
Telefon 07575/2095-0
info@gmeiner-verlag.de

Lektorat/Redaktion: Anja Kästle
Herstellung: Julia Franze
Umschlaggestaltung: Benjamin Arnold
unter Verwendung der Illustrationen von © SimpLine – stock.adobe.com;
© metelsky25 – stock.adobe.com; © aliaksei_7799 – stock.adobe.com;
© Katrin Lahmer; © Benjamin Arnold
Kartendesign: © Maps4News.com/HERE
Druck: AZ Druck und Datentechnik GmbH, Kempten
Printed in Germany
ISBN 978-3-8392-2622-3

13

1

Fähre von Emden nach
Borkum
Fähranleger
26723 Emden

Tickets:
Emden Service-Center
AG Ems
Zum Borkumanleger 6
26723 Emden
01805 180182
www.ag-ems.de

»So, die Hälfte ist geschafft«

Fähre von Emden nach Borkum

Borkum hat das gesunde Hochseeklima, ist arm an Pollen, reich an Jod. Für Atemwege, Haut sowie Herz und Kreislauf ist das die reinste Erholung. Sie ist zudem mit fast 31 Quadratkilometer die größte der Ostfriesischen Inseln. So, und nun kommt es: Dafür müssen die Gäste etwa 20 Kilometer auf See von Emden aus oder zwölf Kilometer vom niederländischen Eemshaven auf dem Schiff zurücklegen, es sei denn, sie fliegen die Strecke. So schön die kurze Flugreise sein mag, viel romantischer ist die Fährfahrt. Das hat seine Gründe.

Die gut zwei Stunden auf dem Schiff werden nie langweilig. Wer morgens hinfährt, genießt das umfangreichste Frühstück, das eine Inselfähre zu bieten hat. Jeder stellt sich das selbst zusammen. Der Service ist freundlich und zuvorkommend. Danach geht es nach draußen. Ohnehin ist das Schauspiel von Sonne und Wolken von den Decks aus ein wenig wie Dauerkino in XXL-Format. Es wird viel geboten: Hier ein Regenbogen, da eine strahlend weiße Wolke. Romantiker lieben die Rückfahrt von Borkum nach Emden in der Abendstimmung. Dann sind steuerbord (rechts vom Schiff) die niederländische Küste und die vielen anderen Schiffe zu sehen, während darüber die Sonne versinkt. Häufig färbt sich der Himmel rot.

Nach alter Tradition ergreift immer genau auf halber Strecke der Kapitän das Wort. Mit perfekter Radiostimme teilt er mit: »So, die Hälfte ist geschafft.« Nun wünscht er einen fröhlichen weiteren Verlauf. Das hat Stil und gehört zur An- oder Abreise, die schon oder noch Teil des Urlaubs ist. Manchmal lassen sich auch Seerobben beobachten, fast immer ist der höchste Leuchtturm Europas in Campen zu sehen. Er steht am Rysumer Nacken in Krummhörn. Übrigens: Wer die Fahrtzeit halbieren möchte, steigt in den Katamaran. Aber das ist nicht ganz so romantisch.

Trampolinspringen mit Meerblick – das gibt es auf Borkum! Die Anlagen stehen am Nord- und Südstrand.

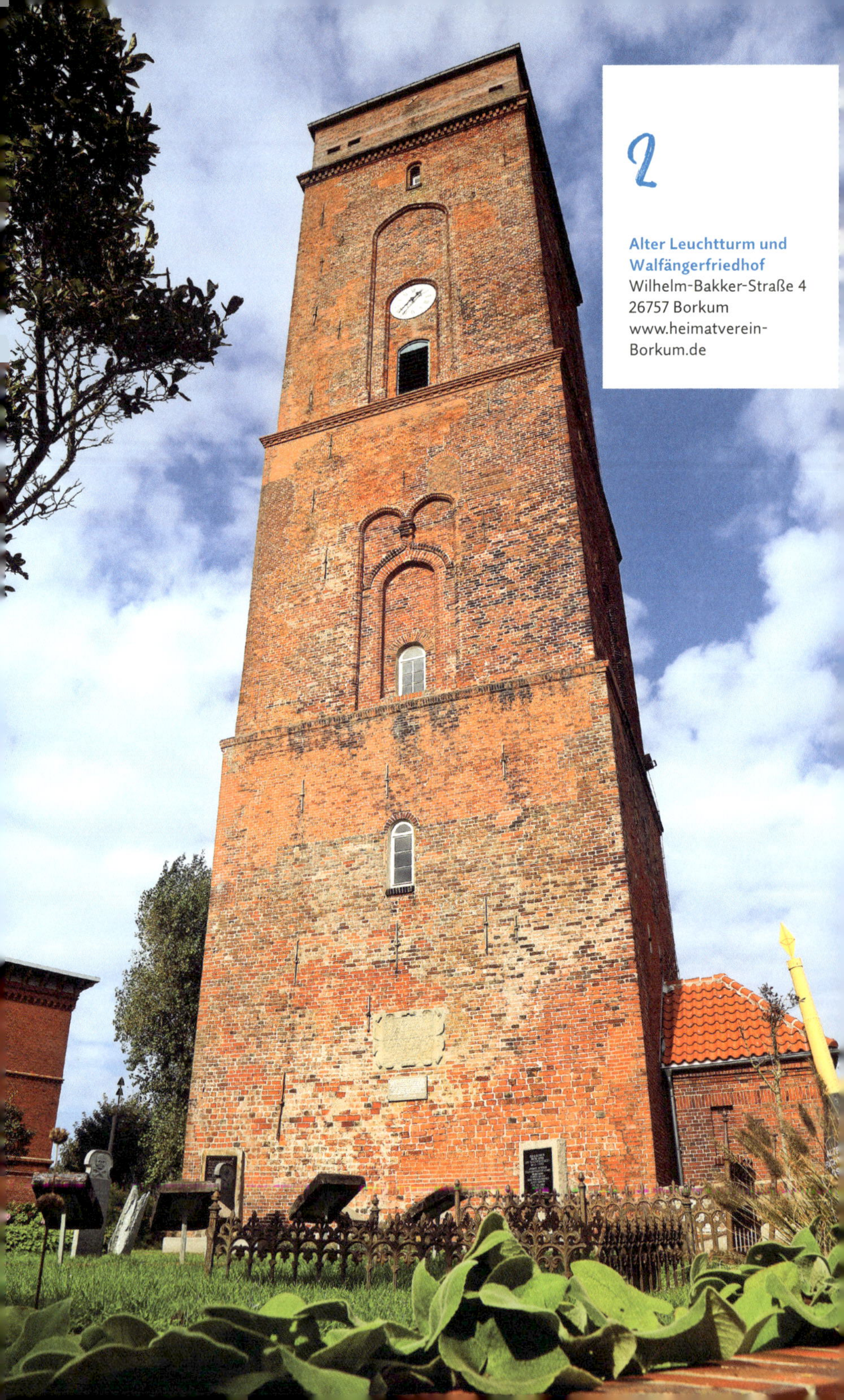

2

Alter Leuchtturm und Walfängerfriedhof
Wilhelm-Bakker-Straße 4
26757 Borkum
www.heimatverein-Borkum.de

ER STEHT FÜR VIELES

Alter Leuchtturm und Walfängerfriedhof

Es gibt ja noch den neuen und den kleinen Leuchtturm auf Borkum. Doch dieser ist der älteste und schönste. Mit seinen 42 Metern ist er zwar nicht der höchste, aber er hat Geschichte. Schließlich war er mal eine Kirche, im Jahr 1400 stand an dieser Stelle ein kleines Gotteshaus. Das sind die ältesten Grundmauern, die die Ostfriesischen Inseln zu bieten haben. Später installierten die Seeleute Licht im Turm, sodass das berüchtigte Borkumriff für die Kapitäne im Dunkeln besser auszumachen war. Ein Emder Kaufmann hatte das Bauwerk finanziert, aber bereits 1570 wurde ein neuer Leuchtturm gebaut.

Die Glanzzeit Borkums fiel in die Mitte des 18. Jahrhunderts. Davon zeugen die erhaltenen Grabsteine aus Namurschiefer, die am Fuße des Alten Leuchtturms stehen. Die wohlhabenden Walfang-Kapitäne ließen sich an dieser Stelle beerdigen. Vereinzelt zeigen Totenköpfe und Inschriften, wer hier ruht. Diese Art der Darstellung entsprach den damaligen Gebräuchen und sollte die Vergänglichkeit des irdischen Lebens verdeutlichen. Die war bei den abenteuerlichen Grönlandfahrten, die meist von November bis Juli dauerten, durchaus oft gegeben. Die Borkumer verdingten sich meist als Offiziere auf den Schiffen und erhielten nur ein kleines Handgeld. Dafür waren sie später am Verkauf des Walfleisches beteiligt und bekamen »von jedem gefangenen Walfisch ein Gewisses«, wie es auf der Tafel »De Walfangerkarkhoff« heißt.

Der Zahn der Zeit nagt an den alten Ziegeln und der Turm wird deshalb renoviert, eine kleine Ausstellung ist jedoch im unteren Teil zugänglich. Das Flair ist dennoch spürbar – auf der Bank zwischen den bunten Blumen und Stauden zu sitzen, sich die eigentümlichen Stelen auf dem alten Friedhof anzuschauen, ist etwas Besonderes. Dazu der Anblick des backsteinroten Leuchtturms mit dem großen Holzkreuz – das wirkt fast meditativ.

Die seltenen Kinnladenknochen von Grönlandwalen zieren als Zaun zwei Grundstücke ganz in der Nähe in der Wilhelm-Bakker-Straße sowie der Roelof-Gerritz-Meyer-Straße.

8

Dykhus
Roelof-Gerritz-Meyer-Straße 8
26757 Borkum
04922 4860
www.heimatverein-Borkum.de

Café Lüttje Toornkieker
Wilhelm-Bakker-Straße 1
26757 Borkum
04922 9328930
www.toornkieker.de

VOM LEBEN DER WALFÄNGER

Heimatmuseum *Dykhus*

Das Skelett des Pottwals – 15 Meter lang – ist natürlich eine Attraktion. Es stammt nicht aus der Borkumer Walfangzeit, sondern der Wal strandete 1998 vor der Halbinsel Eiderstedt an der Westküste Schleswig-Holsteins und starb. Der Heimatverein erwarb ihn und ließ ihn für die Ausstellung präparieren. Doch es sind die vielen kleinen Objekte in den verschiedenen Zimmern im rund 300 Jahre alten Dykhus. Dazu gehören Barttassen, Frauenhaar, Taschenuhren und Schmuck. Das inseltypische Gulfhaus gehörte einst dem Walfang-Commandeur Weyert Melcherts Bott. Die Vörkamer, das Wohnzimmer, wurde mit einem gusseisernen Ofen geheizt. Mit den »Stovkes« wärmten sich die Bewohner die Füße, indem sie Torfglut in eine Steingutschale gaben. Diese nahmen sie sogar mit zum Gottesdienst. Die Köken, die Küche, ist noch original: die Fliesen zeigen den Wohlstand der Bewohner und stammen aus der Zeit von 1680 bis 1840. Die Schlafstellen heißen Butzen und erinnern an Schiffskojen. Für die nötige Privatsphäre sorgten Holzklappen, die zum Raum hin kunstvoll mit Schnitzereien verziert sind und gewebte Vorhänge tragen. Ein vergoldetes Bänkchen erleichterte früher den Sprung auf die Matratzen, die mit getrocknetem Seetang gefüllt sind. Hoffentlich war die Bettpfanne dabei nicht im Weg, die zum Anwärmen unter den Kissen ruhte.

Das 8,5 Meter lange, grüne Ruderrettungsboot »Otto Haas« beeindruckt weniger durch seine Länge als durch die gute Nachricht, dass in den 28 Jahren, die es im Einsatz war, mit ihm 66 Menschen aus Seenot gerettet wurden. Bis 1922 tat es seinen Dienst. Dazu passend ersteigerte der Heimatverein Ende 2018 ein Bild des Marinemalers Leonhard Sandrock aus der Zeit um 1900. Es zeigt ein Ruderrettungsboot in stürmischer See, gezogen von einem Dampfschlepper. So wächst der Fundus ständig und hält auch beim nächsten Besuch Spannendes bereit.

Einkehren im Café Lüttje Toornkieker mit Blick auf den Alten Leuchtturm, das ist beliebt.

4

Östlicher Hauptstrand
Die Strandpromenade (Bürgermeister-Kieviet-Promenade) etwa einen Kilometer Richtung Osten

Informationen zur Promenade und den Sportmöglichkeiten am Strand:
Tourist-Information Borkum
Georg-Schütte-Platz 5
26757 Borkum
04922 9330
www.borkum.de

EIN LEBENDES GEMÄLDE

Strandpromenade am östlichen Hauptstrand

Als hätte Claude Monet weiße Wolken hingetupft. Doch dafür haben die Buggykiter sicher keinen Blick übrig. Aber vor der blauweißen Kulisse sind ihre Schnellfahrten, die sie dem Segel, dem Wind sowie ihrem Können zu verdanken haben, ein hübscher Anblick. Der feste Sand am Strand bietet dieser immer beliebter werdenden Sportart die beste Grundlage. Dazu gehört ein dreirädriger Buggy. Er hat eine starre Hinterachse und ein lenkbares Vorderrad, das der Fahrer mit seinen Füßen steuert. Der Kitedrachen, auch »Matte« genannt, ist ein stabloser Schirm. Es gibt verschiedene Größen, die je nach Wind eingesetzt werden. Und dann geht's los: Der Pilot hält die Leinen des Drachens in den Händen und hat an den Hüften ein Trapez festgeschnallt, auf das sich die Kraft überträgt.

Borkum ist ein Hotspot für diesen Sport. Auch Strandsegler tummeln sich an dem breiten Strand und ziehen ihre Runden hart am Wasser. Solch gute Bedingungen gibt es selten in Deutschland. Hier wurden sogar die Weltmeisterschaften im Buggykiten ausgetragen. Etwa 40 Fahrerinnen und Fahrer waren am Start. Wer auf der Strandpromenade Richtung Café Sturmeck geht, hat einen grandiosen Blick auf das Treiben. Wie farblich abgesetzte Halbmonde, die über einem kleinen, schwarzen Räderwerk zu schweben scheinen, sehen die Drachen aus der Ferne aus. Und sie verändern ihre Position rasch. Ein Bild voller Farben und Dynamik entsteht – mit Wellen im Hintergrund und Dünen davor. Natürlich muss Wind herrschen, sonst bleiben die »Matten« am Boden liegen. Bläst der kräftig, flitzen die Dreiräder nur so über die Sandpisten, sodass es auch für die Zuschauer eine Freude ist. Buggykiten ist Geschwindigkeit, Zuschauen reine Freude, der Gesamteindruck der eines lebenden Bildes. Fantastisch schön!

Was am Strand noch Spaß macht: Stehpaddeln, Surfen, Strandanimation mit Muskeltraining und Pilates oder Beachvolleyball.

5

Strandkorbvermietung
Strandpromenade/
Hauptbadestrand Steg 9
26757 Borkum
0175 1482095
www.strandzeltvermieter.de

EIN HOCH AUF DAS STRANDZELT

Strandkorbvermietung Strandpromenade Steg 9

Ach, wie ist das schön: sich in den Liegestuhl fläzen, zurücklehnen und im Schatten des Schirmchens von irgendetwas träumen! Oder kurz mal warten, bis die Familie aus dem Meer zurück ist. Auf Borkum werden dazu die inseltypischen Strandzelte verliehen. Sie sind waagerecht bunt gestreift und tragen verschiedene Dachfarben. Daran und an dem vorn aufgedruckten Namen, meist den der Vermieterfamilie, lässt sich das eigene Strandzelt schneller wiedererkennen.

Die Borkumer fanden diese, heute mit langlebigem Polyestergewebe umspannten, Sitzbänke schon immer äußerst praktisch. Sie gibt es fast nur hier, sie sind einfacher zu transportieren als Strandkörbe, die die Gäste aber genauso ausleihen können. Wer sich in sein Strandzelt verliebt, kann es zwar nicht mitnehmen, aber bei der örtlichen Tischlerei in Borkum für zu Hause bestellen.

Vier Badestrände sind zur Hauptsaison offen, insgesamt 500 Meter bewacht durch Rettungsschwimmer. Wer mehr Auslauf braucht, kann sich auf insgesamt 26 Kilometer Strand austoben. Die Kehrseite sieht allerdings so aus: Jährlich müssen rund 430 Tonnen angespülter Drift vom Strand in die Mülltonnen gesammelt werden. Der Kur- und Tourismusdirektor verweist darauf, dass das mit einem Teil des Gästebeitrags finanziert wird. Doch jeder kann mithelfen. Es stehen Sammelkörbe für Plastikmüll an vielen Strandabschnitten. Damit auch im nächsten Sommer genug Badestrand vorhanden ist, werden jährlich 50.000 Kubikmeter Sand dorthin gefahren. Dann heißt es wieder: zurücklehnen in bestem Hochseeklima direkt an der Brandung. Atmen. Die Beine hochlegen. Einen coolen Drink nehmen. Danach wieder am Strand entlang joggen. Ins Wasser tauchen. Den Vögeln nachschauen – ach, wie ist das schön!

Traditionen miterleben – bei den Osterfeuern sowie beim Maibaumaufstellen zu Pfingsten.

6

Ecke Bismarckstraße/ Goethestraße
26757 Borkum

Informationen zu Kursen und geführten Touren:
Tourist-Information Borkum
Georg-Schütte-Platz 5
26757 Borkum
04922 9330
www.Borkum.de
www.nordicwalking-borkum.de

TREFFEN, THEKEN, TAGESEINKÄUFE

Ecke Bismarckstraße/Goethestraße

Die Bismarckstraße von Borkum ist belebt. In einem der Cafés zu sitzen, in die Sonne zu blinzeln und sich die Getränke munden zu lassen, ist hier prima möglich. Die Auswahl an Essen und Trinken ist gut. Viele nehmen genau da ihr Frühstück ein. Andere bevorzugen die Abendstunden für ein Bierchen. Es ist ein wenig das Sehen-und-Gesehen-Werden. Es ist aber einfach auch das Dösen und Genießen, was die Bismarckstraße ausmacht. Tagsüber bummeln die Gäste durch die Fußgängerzone und schauen sich in den Läden um. Das Angebot ist vielfältig und speziell. Es gibt Dinge zu kaufen, die den Wunsch nach Individualität erfüllen. Endlich ist Zeit, sich in Ruhe das auszusuchen, was immer schon im Kleiderschrank oder in der eigenen Wohnung gefehlt hat.

An der Ecke zur kreuzenden Goethestraße steht oft eine Kutsche. Passanten streicheln gern die eingespannten Pferde, andere genießen eine Runde in dem Gefährt. Akkermanns Kutschfahrten gibt es schon bald 75 Jahre, sie sind immer wieder ein Erlebnis. Eine Tour führt zu den vorgelagerten Seehundbänken. Dort leben Hunderte dieser Tiere und sind aus nächster Nähe zu erleben. Das ist für Jung und Alt ein Höhepunkt des Urlaubs. Der Kutscher hat dazu stets ein paar Anekdoten auf Lager und informiert über das Geschehen auf der Insel, auf der rund 5.400 Menschen leben. 290.000 Gäste im Jahr lassen es sich hier gutgehen. Die Inselrundfahrt schließt einen Stopp zum Tee im Café Ostland mit ein, das ebenfalls einen Ausflug lohnt.

So ist die Bismarckstraße der Dreh- und Angelpunkt für das Geschehen in der Stadt Borkum. Die Stammgäste wissen diese quirlige Kreuzung zu schätzen und schauen gleich nach der Ankunft erst einmal, was sich seit ihrem letzten Aufenthalt so verändert hat. Was für ein spannender Einstieg in den wohlverdienten Urlaub!

Die Gesundheitsinsel hat ein Nordic-Walking-Aktivzentrum, wozu acht ausgewiesene Routen gehören.

7

Musikpavillon
Bürgermeister-Kieviet-
Promenade
26757 Borkum

Borkum Tennis
Bismarckstraße 31
26757 Borkum
0160 5955534
www.nordsee-tennis.de

DAS SCHÖNSTE ABENDROT

Musikpavillon

Borkum ist etwa um die Zeit von Christi Geburt aus Ablagerungen in der Nordsee entstanden. Die Hochsände, die sich so allmählich bildeten, wurden aber erst im Mittelalter besiedelt. Im 13. Jahrhundert ankerten Flotten von Kreuzfahrerschiffen vor der Insel, um auf günstigere Wetterbedingungen zu warten. Schon sie müssen damals diese grandiosen Sonnenuntergänge erlebt haben, für die Borkum heute noch bekannt ist. Niemand kann genau erklären, warum sich hier der Himmel abends oft so herrlich verfärbt. Doch sich abends am Musikpavillon an der Strandpromenade einzufinden, kann gar nicht verkehrt sein.

Das liegt nicht nur am Sonnenuntergang, schließlich stammt dieser Pavillon aus dem Jahr 1911 und stand damals noch in der Brandung. Jedenfalls ist hier DER Treffpunkt auf Borkum. Und es gibt Livemusik dazu, von Ende März bis Ende Oktober immer um 11, 16 und 20 Uhr. Neuerdings brandet noch mehr Erfolg mit dem Konzept »Musik & Meer« auf. Dahinter steht der Gedanke, dem Publikum nach Saison thematische Schwerpunkte zu Gehör zu bringen. Bei »Fit 60's« werden tanzbare Klassiker der 1940er- bis 1960er-Jahre gespielt. Das funktioniert sogar, denn oft sieht man Paare über den Platz tanzen. Evergreens lassen niemanden kalt, der auch nur etwas Rhythmusgefühl hat. Dazu der Sonnenuntergang – ein wirklich grandioses Urlaubsgefühl stellt sich ein! Später sind die Jazztage ein Renner, im Herbst geht es um »Autumn Spirits«. Dann wieder treten noch unbekannte Bands auf, die das Publikum mitreißen können.

Der graue Schleier der Kurmusik hat sich am Musikpavillon endgültig aufgelöst. Hier herrscht Aufbruch – stimmlich, gedanklich und instrumental. Das wissen die Einheimischen wie auch die Gäste zu schätzen. Die Freude ist groß, das Potenzial immens. Während in manchen Kurbädern die Musik abgestellt wird, erlebt sie auf Borkum neue Höhenflüge.

Tennis hat auf Borkum eine lange Tradition. Seit mehr als 100 Jahren wird auf der Insel gespielt, mittlerweile auf vier Außen- und zwei Hallenplätzen.

8

Nordsee Aquarium Borkum
Von-Frese-Straße 46
26757 Borkum
04922 933744
www.nordsee-aquarium.de

Spielinsel Borkum
Westerstraße 35
26757 Borkum
04922 933730

ANFASSEN ODER LIEBER NICHT?

Nordsee Aquarium Borkum

Wer Fische nur von seinem Teller im Restaurant kennt, wird überrascht sein. Hier im Aquarium tummeln sich Dorade und Dorsch, doch sie sehen irgendwie anders aus. Es sind auch Katzenhaie und Knurrhähne zu erleben. Die möchte niemand auf seinem Teller haben. Schnell schwimmt noch ein Stör dicht an der Außenscheibe vorbei. Dann zieht ein Nagelrochen schwungvoll seine Bahn. Hier verbringen manche Gäste Stunden, so attraktiv ist das Geschehen hinter Glas. 16 Becken bieten Sichtkontakt zum Leben, das sonst ein paar hundert Meter weiter im Nordseewasser für die meisten unsichtbar abläuft.

Nun etwas Mut für den Griff in den »Touchpool«. Darin lassen sich Meeresbewohner mit den Fingern berühren oder sogar auf Händen durchs Wasser tragen. Wer hat schon einmal einen Seestern angefasst? Wie gut, dass in diesem Becken nicht die Seedahlie lebt. Sie hat bis zu 160 giftige Tentakel. Das Blumentier wächst in Zylinderform und wird bis zu 15 Zentimeter groß.

Da huschen im anderen Aquarium gerade Große Seenadeln vorbei, die bis zu einem halben Meter lang werden. Sie sind mit dem Seepferdchen verwandt. Da sind Herzmuscheln zu sehen, wie sie bei Wattwanderungen gezeigt werden. Das Spannende: Sie haben einen Grabfuß, mit dessen Hilfe sie sogar springen können. Dann wieder sind rund 20 Zentimeter lange Kaiserhummer im Bild oder Nixentäschchen. Das sind die Eikapseln vom Katzenhai, in der dieser in acht bis zehn Monaten heranwächst.

Nun noch zur Scholle: Sie schwimmt als Jungtier aufrecht und ist symmetrisch gebaut. Erst nach etwa zwei Monaten wandern das linke Auge und das Maul zur rechten Körperhälfte. Die Schwimmblase bildet sich zurück und die Scholle schwimmt schräg. Schließlich wird sie zum Plattfisch und liegt auf dem Boden. Unglaublich!

Die Spielinsel ist für kleine Kinder und Jugendliche bis 16 Jahren der passende Ort, wenn es draußen mal nicht so schön ist.

9

Südstrand Höhe Mathilde's Melkbudje
Greune-Stee-Weg
26757 Borkum
04922 1887

Wo der Urlaub Gefühl bekommt

Südstrand Höhe *Mathilde's Melkbudje*

Urlaubsgefühl. Es entsteht bei so einem Anblick ganz von allein: blauer Himmel, weiße Wolken, Strandhafer auf Sanddüne. Genau diese Mischung erwartet jeden, der den Südstrand von Borkum besucht. Möwen kreischen dazu, als wollten sie die Gäste fröhlich begrüßen.

Der Südstrand breitet sich bis zum Südbad und der *Heimlichen Liebe* aus, einem Lokal am Ende (oder Anfang) der befestigten Strandpromenade. Die ist übrigens Borkums ganzer Stolz: rund drei Kilometer lang, acht Meter breit, ideal zum Joggen und Spazierengehen und abends beleuchtet.

Doch zurück zum Südstrand: Wer mit dem Fahrrad oder zu Fuß vom Anleger der Fähre kommt und die Greune Stee durchquert hat, trifft hier zunächst auf das Strandlokal *Mathilde's Melkbudje*. Was für ein Hallo! Da sind die neuen Gäste herzlich willkommen und nehmen einen ersten Drink. Andere sind schon länger auf der Insel und begrüßen die Ankömmlinge. Zwei Strandmobile mit profillosen Breitreifen stehen bereit. So können auch Personen, die nicht gut zu Fuß sind, die Brandung aus nächster Nähe erleben. Der Südstrand wirkt wie ein Ruhekissen. Es geht gemütlich und gedämpft zu. Wer hier schwimmen geht, wird während der Saison – wie auch an anderen Stränden der Insel – von Rettungsschwimmern bewacht. Einige der neuen Urlauber können nicht länger warten und springen in ihren schnell angelegten Badesachen ins flache Meer. Andere machen es sich in der Sonne bequem. Manche springen Trampolin, Kinder spielen Ball. Die nächsten mieten sich einen Strandkorb oder ein Strandzelt, um ihr Gepäck zu verstauen. Übrigens ist der Hundestrand hier äußerst beliebt.

Was soll man lange den Tag planen? Hier ergibt er sich wie von selbst. Ebbe und Flut bestimmen den Tagesverlauf, der vielleicht durch einen Zwischenstopp in einem der Strandbudje gewürzt wird. Was für ein Strandleben!

Einkehren in Mathilde's Melkbudje: Windgeschützt und mit leckeren Kleinigkeiten bestückt, eröffnet sich hier ein vorzüglicher Blick auf Strand und Meer. Übrigens sind Milchbuden typisch für Borkum.

10

Inselwald Greune Stee – Am Findling
Anton-Scharphuis-Weg
26757 Borkum

Café zur Heide
Störtebekerweg 8
04922 2180
www.ferienwohnanlage-zurheide.de

ANHALTEN UND DURCHATMEN

Inselwald Greune Stee – Am Findling

Hier rahmen Äste den Blick aufs Grün ein. Es gibt so viele Ein- und Ausblicke, dass es nie langweilig wird, sich in der Greunen Stee umzuschauen. Der Inselwald am Südrand des Ortes zieht sich weit bis in den Osten und die Ruhezone des Nationalparks. In der »grünen Stelle«, wie die Übersetzung aus dem Friesischen heißt, umherzugehen, ist einfach sehr erholsam. Hier wachsen nicht nur ein paar Birkenstämme und trotzen dem Wind. Es ist die pure Abwechslung an Laub- und Nadelbäumen, an Sumpf mit Erlen und Rohrkolben, Heide, Schilf sowie an Dickicht und offenen Sandflächen.

Wer sich inmitten dieser grünen Pracht auf eine der Bänke setzt, hört einerseits die Brandung, denn das Meer ist nicht weit, andererseits vielleicht gerade einen Specht oder andere Vögel. Die Greune Stee ist ein Ort zum Herunterkommen, zum Entspannen, zum tiefen Durchatmen in wohlduftender Waldluft.

Angelegt hat das heute rund 80 Hektar große Wäldchen Anton Scharphuis mit seinen Schülern. Jedes Jahr pflanzte der Rektor der Volksschule mit ihnen junge Bäume, die sie zuvor aus Samen gezogen hatten. So entstand langsam ein dichtes Geflecht aus Bergkiefern, Birken und Heckenrosen. Vögel konnten beste Brutplätze finden, Fasane und Rehwild Unterschlupf. Scharphuis, der von 1883 bis 1947 lebte, hielt viel von seinen Beobachtungen in Büchern fest. Die Inselflora, die Fauna des Strandes und des Wattenmeeres sowie die Geschichte Borkums waren seine Steckenpferde. 1920 gründete er den Heimatverein. Ein Findling, in den sein Name eingemeißelt ist, findet sich am Rand des nach ihm benannten Waldweges. Scharphuis verband auch eine Freundschaft mit dem Botaniker und Lehrer Otto Leege auf Juist. Sie waren Brüder im Geiste.

Das Café zur Heide im Wäldchen wird wegen seiner Kuchen vielfach gelobt.

11

Café-Restaurant Ostland
Ostland 4
26757 Borkum
www.cafe-ostland.de

Hofcafé und Restaurant Bauernstuben
Ostland 3
26757 Borkum
04922 3504
www.hauptsachen.de

AUF ZUR LANDPARTIE

Café-Restaurant Ostland

Käsekuchen mit einem Ostfriesentee, dazu im Strandkorb sitzen und ins Grüne schauen – im *Ostland* Borkums ist das Standard. Der ländliche Charme und die kulinarischen Genüsse locken viele Gäste ins Ostland. Pferde grasen friedlich auf der Weide, Rinder, Schafe und Ziegen sind neben Schweinen zu sehen. Bauern mähen Gras. Ein Fünftel der Fläche Borkums wird landwirtschaftlich genutzt, so viel wie auf keiner der anderen sechs Ostfriesischen Inseln. Grund dafür sind die Marschen, die sich im Süden ausbilden konnten. Hierher reicht kein Ausläufer einer Sturmflut.

Das seit mehr als 100 Jahren betriebene Café-Restaurant Ostland befindet sich in einem Bauernhof. Es war schon immer »die letzte Gaststätte vor Juist« und ist als Zwischenstopp bei Radfahrern beliebt. Humor haben die Einheimischen ja. Wer mit ihnen snakken will, sollte ein paar Redewendungen parat haben. »Wat moij« heißt »wie schön«, »gah sitten« ist die Aufforderung, Platz zu nehmen. Urlauber, die es zu eilig haben, werden gern mit dem Satz charakterisiert: »He löppt mit een Bein in Drafft.« Das Telefon heißt hier »Klönkasten« und wer viel redet, ist ein »Babbelgüütje«.

Jetzt aber soll es mit dem Fahrrad weitergehen zur Hoge Hörn, der »erhöht liegenden Ecke«. Sie ist die östlichste Borkums, umgeben von den Ostlagunen, die bei Sturmflut vom Meer überspült werden. Dort sind viele Brut- und Rastvögel zu Hause. Wer die Uferschnepfe oder den Säbelschnäbler sehen möchte, muss am Ende des Radweges noch etwa drei Kilometer zu Fuß durch die Salzwiesen gehen. Das geht nur bei Niedrigwasser.

Es ist ein hübscher Ausflug, der eine andere Facette der Insel zeigt. Wichtig für Wanderer, wenn sie den Weg zurück zum Ostland geschafft haben: Dort hält der Linienbus.

Ländlich gut speisen lässt sich auch gleich nebenan in den *Bauernstuben*.

12

Östlich Tüskendörsee
Startpunkt: Bushaltestelle »Borkum Neuer Deich«, von dort auf den Tüskendör-Deich
26757 Borkum

Wattwandern etwa mit Peter de Buhr
Am Georg-Schütte-Platz 19
0172 9059113
26757 Borkum
www.wattwandern-Borkum.de

DIE »SORGENFALTEN« DES WATTS

Watt am östlichen Tüskendörsee

Der Begriff Watt stammt vom altfriesischen Wort »wad« und heißt »seicht oder untief«. Das klingt harmlos. Es steckt aber so viel drin: In einem Kubikmeter tummeln sich Millionen von Kleinstlebewesen. Sie sind bestens angepasst an das zweimalige Trockenfallen innerhalb von 24 Stunden. Der Blick aus dem Flugzeug auf das Watt südöstlich vom Ostland, also auf die Binnenseite Borkums zum Festland hin, offenbart seine ganze Schönheit. Durch die schlangenförmig verlaufenden Priele fließt das Wasser langsam ab. Die Flächen sind bleigrau, vorne Richtung Inselkern dagegen grün. Dort haben salzfeste Pflanzen schon Fuß gefasst. In einigen Jahren können hier Tiere grasen, am eindrucksvollen Übergang zwischen Meer und Land. Hier entlangzugehen, vermittelt den eindrucksvollen Übergang zwischen Meer und Land. Dies ist etwas dazwischen.

»Zwischendurch« heißt auch der Priel, der einst Borkum teilte. Ab 1830 verengte sich »Tüskendör«. Es sammelten sich Sand und Schlick darin an, sodass sich West- und Ostland langsam vereinigen konnten. Mit zusätzlichen Anpflanzungen beschleunigten die Insulaner diesen Prozess. 1864 gelang es durch kräftigen Schaufeleinsatz, die Lücke durch einen Damm ganz zu schließen. Der Tüskendörsee blieb bis heute erhalten. Sein Wasser ist inzwischen durch den Niederschlag ausgesüßt, der beste Ort auf der Insel, um Vögel zu beobachten.

Wer sich in diese Wattgegend vorwagt, sollte sich gut auskennen. Priele nehmen einen unerwarteten Verlauf. Bei Ebbe sind sie gut zu sehen, bei auflaufendem Wasser oder Flut jedoch nicht mehr. Dann besteht höchste Gefahr. Deshalb ist es ratsam, sich einem der Wattführer anzuschließen. Sie kennen nicht nur die »Sorgenfalten« des Watts, das seit 2009 zum UNESCO-Weltkulturerbe gehört. Sie können einem auch sonst allerlei zu diesem Nationalpark und seinen Bewohnern mitteilen.

Wattwandern ist ein riesiges Erlebnis, besonders im Sommer. Einer der Anbieter ist Peter de Buhr, Wattführungen können auch über die Kurverwaltung gebucht werden.

18

Borkumriff
Am neuen Hafen 9
Ortsteil Reede
26757 Borkum
04922 2030
www.feuerschiff-borkumriff.de

IM BAUCH EINES DENKMALS

Feuerschiff *Borkumriff*

Das 1954 gebaute Feuerschiff fährt – selten und dann äußerst langsam. Vier Deutz-Dieselmotoren zu jeweils 100 PS sind der Antrieb. Die lange Reise zum Hamburger Hafengeburtstag ist für die *Borkumriff* damit kein Problem. Da verwandelte sich das Traditionsschiff, das sonst so ruhig als Museumsdampfer im Borkumer Hafen liegt, etwa einmal in eine schwimmende Bühne. Shantyklänge waren zu hören. Es gab Unterhaltung und viel Publikum zwischen all den großen Schiffen in Hamburg. Als besondere Attraktion wurde ein kleines Postamt im Innern der *Borkumriff* eingerichtet. Viele schickten von dort aus einen Brief mit der limitierten *Borkumriff*-Briefmarke für 70 Cent und einem Sonderstempelabdruck in die weite Welt. Der schwimmende Leuchtturm liegt fest vertäut im Borkumer Hafen – offen zum Besuch.

Bis 1988 war das letzte deutsche Feuerschiff im Dienst, und zwar 30 Kilometer nordwestlich der Insel. Dort liegt ein kleines Bermudadreieck. Wegen betonharter Sandbänke strandeten am Borkumriff schon sehr viele Schiffe. Das Leuchtfeuer der Insel ist von dort nicht mehr zu sehen. So warnte dieses Feuerschiff seit 1956 (vorher gab es schon andere) die Kapitäne bei ihrer Reise nach Osten vor den Untiefen. Das neun Meter breite und fast 54 Meter lange, rote Schiff ist heute nicht nur ein technisches Kulturdenkmal, sondern zeigt in seinem Bauch spannende Fakten zum Wattenmeer, zu Flora und Fauna und maritimer Technik. Die einstündige Führung ist ein großer Gewinn für alle, die etwas mehr über die Seefahrt, Borkum und das Meer wissen möchten. Das Feuerschiff gehört damit zu den großen Anziehungspunkten für Urlauber. Das schmucke Schiff mit der langen Tradition haben viele liebgewonnen. Es gibt sogar einen Förderverein.

In den Hafen der Ehe segeln, das ist auf der *Borkumriff* in der Offiziersmesse möglich.

14

Memmert-Feuer
Deichpromenade/
Bahnhofstraße
26571 Juist
www.juist.de

Nähere Informationen:
Tourist-Information im Hafen
26571 Juist
04935 809805

DAS LICHT BRENNT NUR ZUM SPASS

Leuchtturm Memmert-Feuer

Einzigartig an der deutschen Nordseeküste ist der stimmungsvolle Leuchtturm am Juister Hafen schon deshalb, weil sein Leuchtfeuer nicht für Schiffe gedacht ist. Es leuchtet für die Insulaner und die Gäste, aber nur zum Spaß. Damit es nicht zu hell wird nachts auf Juist, ist das Licht gedimmt. Alle 13 Sekunden strahlt die Laterne, aber eben nur schwach. Das Licht ist nur in Längsrichtung der Insel zu sehen.

Im Grunde ist das aus Spenden finanzierte Kuriosum eine Erinnerung an den 1986 stillgelegten Leuchtturm der kleinen Vogelschutzinsel Memmert. Das Laternenhaus wurde damals abgebaut und 1992 in diesen neu errichteten Leuchtturm am Hafen eingefügt. So brennt die Memmert-Laterne quasi bis heute weiter – ein wunderschönes Stück Nostalgie. 2014 hat die Juist-Stiftung das Leuchtfeuer noch einmal auf den neuesten Stand gebracht. In den Sommermonaten wird der 14 Meter hohe Turm sonntags geöffnet, und die Gäste können innen die Treppe hinaufsteigen, um sich die Insel aus der Vogelperspektive anzuschauen. Der Rundweg um das Leuchtfeuer ist in wenigen Schritten zu erledigen und verleiht ein herrliches Gefühl von Weite.

Der Klinkerturm wartet noch mit einer Besonderheit auf. An der Seite zum Spielplatz ist eine Windrose angebracht. Sie zeigt an, aus welcher Richtung der Wind weht. Das ist für Spaziergänge oder sonstige Unternehmungen auf der Insel durchaus interessant. Zudem wird die Windstärke und die aktuelle Temperatur angezeigt.

Wer sich den Leuchtturm und das Treiben am Hafengebäude anschauen möchte, nimmt am besten auf der Bank Platz, die auf dem nahen Deich steht. Von dort aus ist die Aussicht bestens. Wenn dann noch der Mond scheint und die Sichel durch die Wolken lugt, ist der Anblick an Romantik kaum zu überbieten.

Eine blaue Seerobbe zum Draufsitzen und ein Schiff auf Spiralfedern gehören zum Rasenspielplatz am Leuchtturm.

15

Deichtor
Ecke Hafenstraße /
An't Diekskant
26571 Juist

Informationen zu den
Angeboten der Kirchen:
www.inselkirche-juist.
wir-e.de
www.exerzitien-juist.de

JUISTER LAND-UND-WASSER-MOSAIK

Deichtor

Es ist die längste der Ostfriesischen Inseln – 17 Kilometer misst Juist. Dafür ist sie so schmal, dass man es nie mehr als 500 Meter zum Meer hat. Wellenrauschen ist somit fast überall zu hören. Das farbenfrohe Mosaik am Deichtor nahe dem Hafen veranschaulicht die Ausmaße der Insel. Wer sich etwas in die Darstellung vertieft, findet hübsche Details. Die gelben Flächen stehen für die ältesten Teile. Sie zeigen die Insel um 1550. Die Dünenflächen verlagerten sich Wind und Wellen folgend nach Osten. Dörfer mit ihren Kirchen zogen ostwärts und nicht selten gingen die alten Häuser im Westen baden. Bei Juist kamen auch Flächen an der Wattseite im Süden hinzu, die auf dem Mosaik grün erscheinen und den Stand um das Jahr 1970 illustrieren.

Ein eigenartiger Rüssel fällt auf, der nach Süden ins Watt ragt. Er besteht aus schwarz-weißen Kästchen – Symbol für eine Eisenbahnstrecke. Tatsächlich fuhr seit dem 4. August 1899 eine Lokomotive mit Verbrennungsmotor und Waggons über den Steg und transportierte die Gäste vom Schiff zum Dorfkern. Es war die erste motorbetriebene Inselbahn Deutschlands. Die zunächst hölzerne Landungsbrücke im Watt entstand 1894. Das war ein großer Fortschritt, denn der Dampfer *Ostfriesland* brachte schon seit sechs Jahren Gäste nach Juist, die ausgebootet werden mussten. Nun spazierten sie über den Holzsteg ins Dorf. Besser wurde es am 19. Juni 1898, als die Pferdebahn ihren Betrieb aufnahm. Drei Pferde liefen durchs Wasser neben dem Gleis und zogen den Waggon mit den Gästen darin. Einen knappen Kilometer ging es so durchs Watt, danach noch 1,3 Kilometer an Land bis zum Bahnhof. Bald zerstörte ein Unwetter die Landungsbrücke, die daraufhin wiederaufgebaut werden musste. Ach, wie angenehm ist doch heute die Anreise per Schiff zum ortsnahen Hafen. Er besteht seit 1984.

Die evangelische und katholische Kirche arbeiten auf Juist eng zusammen, geben eine gemeinsame Kirchenzeitung heraus und bieten Vorträge, Kurse und Kreatives an.

16

Bronzeskulptur Badefrau am Alten Warmbad
Altes Warmbad
Friesenstraße 18
26571 Juist

Tourist-Information im TöwerVital / Meerwasser-Erlebnisbad
Strandpromenade
26571 Juist
04935 809862

»Oma Raß« hatte die Hosen an

Bronzeskulptur Badefrau am Alten Warmbad

Im Alten Warmbad wird heute geheiratet. Neben dem Standesamt sind einige Ärzte sowie Büros der Gemeindeverwaltung in dem Klinkerbau untergebracht, der unter Denkmalschutz steht. Davor erinnern zwei etwa 40 Zentimeter hohe Frauenfiguren aus Bronze an die gute, alte Warmbadezeit. 1899 kamen schon rund 4.500 Gäste im Jahr zur Erholung auf die Insel. Es war höchste Zeit, eine angemessene Form der Gesundheitsvorsorge anzubieten. So eröffnete in jenem Jahr das Warmbad mit der Besonderheit, dass mit einer speziellen Pumpe Meerwasser aus der Nordsee in die Badekabinen geleitet werden konnte. Bis 1970, als das Meerwasserwellenbad öffnete, war das Warmbad in Betrieb und erfreute die Gäste mit den gesunden Salzwasserbädern.

Zur Erinnerung ziert seit 2003 die wunderbare Bronzeskulptur namens Badefrau den Vorhof des Alten Warmbads. Sie stellt zwei Frauen dar, die der Leeraner Bildhauer Karl-Ludwig Böke geschaffen hat. Die ältere der beiden Figuren erinnert an die legendäre Badefrau Oma Raß. Sie hatte immer die Hosen an und sollte auch hier so dargestellt werden und einen alten Mann zum Meeresbad bringen. Doch alles kam anders: Nun trug Oma Raß ein langes Kleid und geleitete eine nackte Schöne zum Bad am Damenstrand. Das ging bis 2013 gut, doch dann hatte die Badefrau ein zu heftiges Rückenleiden in Form eines langen Risses. Die Skulptur wurde ersetzt, die Bekleidung angepasst, und die beiden Hübschen tauschten ihren Standort. Irgendwie aber inspirieren die beiden Frauen die Menschen, denn es dauert nicht lange, und sie erhalten von anonymer Hand stets frische Wäsche. Mal trägt die Nackte Bikini, dann wieder hat jemand für beide eine rote Pudelmütze mit weißem Bommel gestrickt. Der Fantasie scheinen keine Grenzen gesetzt zu sein – sehr zum Vergnügen der Betrachter.

Wer als Gast mitreden möchte zu wichtigen Themen auf der Insel, informiert sich über die Sitzungen im Gäste-Parlament Juist. Oder kandidiert für den Beirat.

17

Lütje Teehuus
Im Januspark
26571 Juist
04935 8402
www.juist-gastronomie.de

Geocaching:
www.geocaching.com

Kuschelig und warm

Lütje Teehuus

»Was einst den Janusplatz verschandelt, lockt nun den Gast zu Tee und Bier.« Diese Zeile aus dem Gedicht eines unbekannten Gastes über die Geschichte eines der ältesten Häuser Juists beschreibt die Zeit von 1969 bis etwa 2000. Da übernahm der Juister Gastronom Axel Rippe das mehr als 200 Jahre alte Haus und rettete es vor dem endgültigen Verfall. Er gestaltete es liebevoll von innen und außen. Zwei Terrassen bieten Gästen Platz. Innen ist es am Kamin und in den Ecken kuschelig. Teetrinken wird zelebriert. Sanddorn, der vor der Haustür wächst, ist zu Torte verarbeitet zu genießen. Es gibt auch andere Spezialitäten wie Labskaus.

84 Jahre lang hatte Wilhelmine Marie Focken Raß, geborene Vißer, in ihrem Haus im Januspark gewohnt, fast ihr ganzes Leben lang. »Oma Raß« war Badefrau am Damenstrand. Ihr wurde ein Denkmal gesetzt, das vor dem Alten Warmbad steht. Hier im heutigen Teehuus wohnte die 1846 geborene Frau sowie später auch ihre Tochter Ehmine, genannt »Miele«. Auch sie wurde wie ihre Mutter Badefrau am Damenstrand. Sie starb 1969, seitdem verfiel das Haus.

Wer sich heute darin aufhält, findet noch die Porträtbilder von Mutter und Tochter. Das Teehaus strahlt auf jeden Fall Gemütlichkeit aus. Wandvertäfelung und bemalte Fliesen vermitteln ostfriesischen Charme. Kerzen brennen, die Gäste haben Platz genommen. Ein Stövchen mit dem aufgegossenen Tee in der Kanne wird von der Bedienung auf den Tisch gestellt. Kandis und Rahm stehen bereit. Zwei leere Tassen warten auf Befüllung. Es herrscht eine Atmosphäre, als käme »Oma Raß« gleich um die Ecke zu einem Klönschnack. Doch auch wenn man hierauf leider vergeblich warten muss, kann man nicht anders, als sich wohlzufühlen. Ein Ort zum Sein, zum Verweilen und zum Geschichtenerzählen aus alter Zeit.

Eine moderne Schnitzeljagd bietet sich auch auf Juist an. Einfach Geocaching-Daten herunterladen. Auf geht's!

18

Siebter Längengrad
Östlicher Teil der Strandpromenade
26571 Juist

Strandpunkt
Strandstraße 7
26571 Juist
04935 9218448
www.strandpunkt.cc

Zweimal mit Norwegen verbunden

Siebter Längengrad an der Strandpromenade

Unter den Längengraden ist der von Juist eine kleine Berühmtheit. Es ist der siebte östlich von Greenwich. Durch diese Stadt bei London verläuft der Nullmeridian. Die Einteilung in geografische Koordinaten dient der Vermessung der Welt. Es gibt 180 Längengrade östlich von Greenwich und 180 westlich. Der nullte bei London ist als Kunstwerk gekennzeichnet. Auch auf Juist finden sich Markierungen, aber schönere. Diese hier links auf dem Bild ist ein kunstvoll gearbeitetes Bronzerelief und liegt hübsch eingefasst im Boden der 1,5 Kilometer langen Strandpromenade, die sich oberhalb des Strandes ausbreitet. Es ist der ideale Ort für einen »Sundowner« – so heißen die Drinks, die zur untergehenden Sonne serviert werden. Bars gibt es in der Nähe, wie etwa die Schirmbar der Strandhalle.

Dann beginnt das Träumen. Was liegt noch auf diesem siebten Längengrad? Er durchquert auf dem Weg nach Süden zunächst den Deich in Hafennähe und die Seebrücke auf Juist, wo er auch markiert ist. Der Gruppe Kunst des Heimatvereins Juist ist diese Kennzeichnung zu verdanken. Dann trifft der siebte Längengrad auf die Niederlande, streift nun aber Essen, Köln und die Hohe Acht in der Eifel, bevor er Saarbrücken erreicht. Bald durchquert er die Vogesen sowie die Westschweiz. Später sonnt er sich in der Sahara, bis er in Nigeria den Atlantik trifft. Erst das ewige Eis der Antarktis lässt ihn wieder an Land. Das heißt dort Neuschwabenland und gehört in den norwegischen Sektor. Jetzt sind es nur noch ein paar Hundert Kilometer bis zum Südpol. Und Richtung Norden? Da geht es gleich durch Norwegen, dann durchs Europäische Nordmeer und westlich an Spitzbergen vorbei geradewegs zum Nordpol. So lässt sich von Juist aus der Länge nach hinauf und hinab träumen auf der Weltkugel, aber am schönsten ist es doch hier am Strand mit Blick aufs Meer.

Der passende Gin für den Sonnenuntergang (und andere Anlässe) heißt *7 Grad Juist Edition Gin*. Er wird im Laden *Strandpunkt* verkauft.

19

Windharfe
Von der Dünenstraße die Abzweigung zum Friedhof und den Weg nach Norden nehmen, dann rechts auf den Otto-Leege-Naturschutz-Lehrpfad einbiegen
26571 Juist

Spaziergänge zu Kraftorten
Mit Astrid Anbu Witschorke
04935 921429
www.aus-liebe-zur-natur.de

EIN STÜCK VOM BLAUEN HIMMEL

Windharfe auf dem Otto-Leege-Lehrpfad

Die Windharfe aus Eiche steht unter freiem Himmel und kann durch ihre sanften Töne beim Meditieren helfen. Die Kraft der Natur treibt die Luft durch den Spalt, sodass mehrere Saiten zum Klingen gebracht werden. Wer sich etwas Zeit nimmt und an dem Kunstwerk auf dem Otto-Leege-Lehrpfad dreht, sich einhört und die Klangbilder auf sich wirken lässt, wird überrascht sein. Es kommen in einem selbst plötzlich neue Saiten zum Schwingen. Der immer neu entstehende Einklang mit der Natur ist hier wörtlich zu verstehen. Manche nennen das auch einen Kraftort. An ihm herrschen besondere Energien vor. Astrid Anbu Witschorke, die Besuche zu den Juister Kraftorten anbietet, hat vom achtsamen Gehen über das Tagträumen und dem Austausch mit Elementarwesen viel Inspirierendes für ihre Gäste im Sinn. Es ist eine Freude, ihr zuzuhören und sich unter ihrer Anleitung in die Geheimnisse des Zusammenspiels von Natur und Mensch fallen zu lassen.

Wer zum Beispiel an der Windharfe in den Himmel blickt, kann das Spiel der Wolken schön verfolgen. Sie erscheinen durch den Spalt in immer neuem Licht, sind Zeichen für Veränderung, Vergänglichkeit, für Schwere oder auch Heiterkeit des Lebens. Passend dazu sind auf einer blau-weißen Himmelstafel Gedichte zu lesen. Eduard Mörike steuert *Er ist's* bei, in dem der Frühling sein blaues Band wehen lässt und leise Harfentöne die neue Jahreszeit ankündigen. Wie sehr passt Mörikes Lyrik doch zu dieser besonderen Stimmung, die von diesem Ort ausgeht. Hermann Hesse vergleicht die Wolken mit klaren Schäumen. Das alles ist anregend für den Geist. So gerät auch die Reise zu der Windharfe und weiteren Kraftorten auf der Insel zu einer Reise zu sich selbst, in spürbarer Verbundenheit zu den Bäumen, Büschen und Bächen. Ein grandioses Erlebnis!

Eine Fahrt im Planwagen hinter einem »2-PS-Hafermotor« ist eine prima Art, die Insel kennenzulernen.

20

Otto-Leege-Tor
Von der Flugplatzstraße aus zweigt am östlichen Ortsrand nördlich ein Weg ab, an dessen Ende das Otto-Leege-Tor steht.
26571 Juist

Kurverwaltung im Rathaus
Strandstraße 5
26571 Juist
04935 809800
www.juist.de

WO DIE BÄUME GESICHTER HABEN

Otto-Leege-Tor

Der Otto-Leege-Naturschutz-Lehrpfad am östlichen Ende des Dorfes hat ein paar Überraschun-gen zu bieten. Der auf Juist bekannte Biologe Otto Leege lieferte die Idee dazu. Der Juister Verschönerungsverein legte 1903 ein paar Goldfischteiche an. Die Fische sind verschwunden, die Teiche seit einigen Jahren renaturiert. Wer über die Flugplatzstraße und den nach Norden abbiegenden Weg geht, erreicht das stämmige Ehrentor für den »Memmert-Vater« Otto Leege. Das Werk des Bildhauers Bernd F. K. Bunk ist ein künstlerischer Akzent.

Jetzt geht es links über den Lehrpfad, und dort ist noch mehr Kunst zu entdecken. Die Juisterin Klarissa Eilers hat auf einige plan gesägte Aststümpfe an den Bäumen des Weges kleine Bilder gemalt. Da grüßt ein Zwerg, hier lacht eine Eule. Fröhliche Vögel sind zu betrachten. Es ist eine große Freude, hier entlangzugehen, anzuhalten, die Bilder zu sehen und gleichzeitig der Natur zu lauschen.

Zum Innehalten verlocken auch sinnreiche Zitate von Philosophen, die auf den Rücklehnen der Bänke zu lesen sind. So zieren eine Bank die Gedanken von Ernst Bloch darüber, wie sich Denkweisen über dieselben Dinge im Laufe der Zeit ändern. Der Spaziergang an den Goldfischteichen kann also durchaus zum Nachdenken anregen, neben tiefschürfenden Überlegungen zum Beispiel über den Erhalt dieser Natur. Juist erhielt 2015 den Deutschen Nachhaltigkeitspreis. Umweltfreundlichkeit, soziale Verantwortung und wirtschaftliche Rentabilität gehören zum Programm. Die Klimainsel will bis zum Jahr 2030 sogar klimaneutral sein. Selbst die Polizei fährt auf Juist schon Fahrrad, alle Waren (sogar der Müll) und Menschen werden per Pferdefuhrwerk transportiert, und die meisten Gäste reisen per Bahn zum Fährhafen Norddeich an.

Über Nachhaltigkeit, einen klimaneutralen Urlaub auf Juist und den Weg zur Fairtrade-Insel informiert die Kurverwaltung.

21

Postkasten neben dem Rathaus
Friesenstraße 12
26571 Juist

Allerlei Unterhaltsames
über die Insel:
www.juist-bilderbuch.de

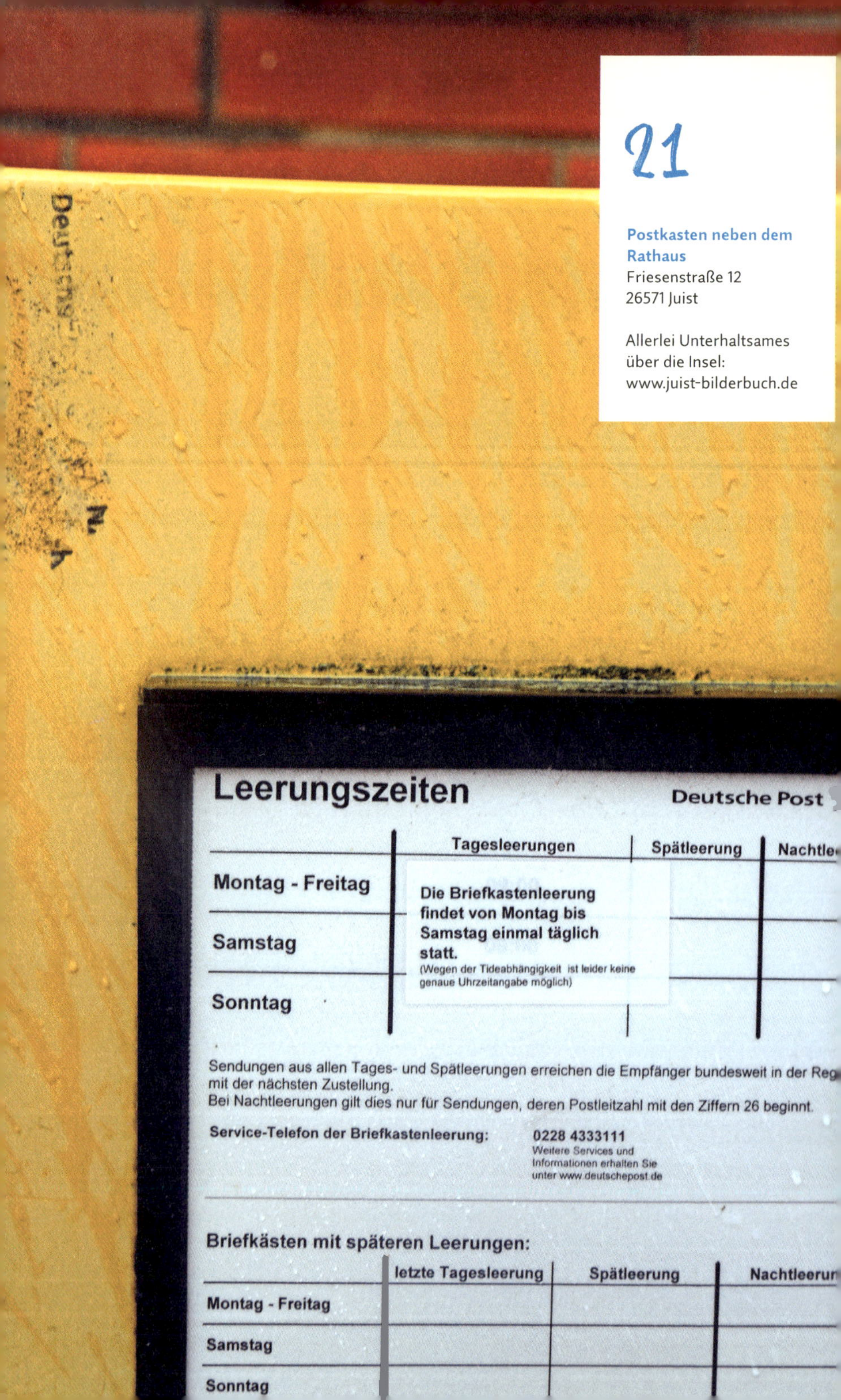

WENN DER MOND SEINE PHASE HAT

Postkasten neben dem Rathaus

Manche schimpfen über die unpünktliche Bahn. Andere amüsieren sich über zu spät zugestellte Briefe. Da ist es am besten, konkrete Zeitangaben ganz zu vermeiden. Somit ist der Briefkasten in der Friesenstraße mit dem Hinweis, er werde außer sonntags einmal täglich geleert, schon fast etwas keck in seiner Ankündigung. Juist hat eben die Ruhe weg und das ist schön so. Hier ist es schwarz auf weiß abzulesen. Und dahinter steckt der Mond. Er bestimmt mit seiner Anziehungskraft und seiner Stellung in Bezug auf die Erde, wohin das Meerwasser weltweit so schwappt – also Ebbe und Flut.

Schon die Anreise nach Juist bremst einen aus. Es geht per Schiff kreuz und quer durchs Watt, 90 Minuten lang. Wann die Fähre fahren kann, hängt von der Flut ab, denn nur dann ist genug Wasser unter dem Kiel. Auf der Insel übernehmen Pferdefuhrwerke den Transport von Menschen und Waren. Auch das entschleunigt herrlich. Schon das Getrappel der Hufe lässt das Gefühl von gemütlicher, alter Zeit aufsteigen.

Nun ist zwar ein heftiger Flugverkehr zum Festland zu verzeichnen, doch zum Glück steigen die Angekommenen anschließend in die Pferdekutsche um und werden damit auf der vier Kilometer langen Strecke in den Ort auf Schritttempo herabgebremst. Und wer kümmert sich nun um die abgehende Post? Briefe gelangen, wie auf dem Briefkasten angekündigt, also einmal am Tag ans Festland. Das dürfte auch reichen. Umgekehrt trifft die Post für die Insulaner und Gäste nur einmal am Tag irgendwann ein, früh oder spät, je nachdem. Die Ruhe stören höchstens erste Versuche mit einer Transportdrohne. Schon vor Jahren testete die Post vom Festland aus die Paketzustellung mit Drohnen auf Juist. Sollte das zur gängigen Praxis werden, wäre die Ruhe natürlich dahin.

Ob aktuelle Mondphasen für Juist, Kurzfilme, Spiele, Rätsel, Fundsachen – die Juister stellen alles auf einer eigenen Seite im Internet vor.

22

Närrisches Treiben am
Schiffchenteich
Kreuzung Wilhelmstraße /
Bahnhofstraße
26571 Juist

Biohotel Haus AnNatur
Dellertstraße 13, 14
26571 Juist
04935 91810
www.annatur.de

LATERNENUMZUG, GRUSELIG SCHÖN

Martinsumzug am Schiffchenteich

Wenn im November die Tage kürzer und grauer geworden sind, erfreuen Lichtkleckse die Insel. Zum Martinssingen ziehen rund um den Schiffchenteich und weitere beliebte Plätze nun vornehmlich Kinder mit den Eltern durch die Straßen des Ortes. Die zu Hause, in der Schule oder im Kindergarten gebastelten Laternen zeigen farbenfrohe Muster von fernen Wesen, Schiffen oder was einem halt so einfällt. Es ist eine kleine, bunte bis schrille Parade an Martinslaternen, die eine anheimelnde Stimmung verbreitet. Früher diente eine gewöhnliche Kerze als Lichtquelle. Weil die aber leicht umfällt, bei Nieselregen gleich erlischt und überhaupt zu gefährlich für Kinder geworden ist, sind nun meist LED-Lichtlein hinter dem Transparentpapier im Einsatz. Der Romantik im Straßenbild tut das freilich keinen Abbruch.

Woher dieses Brauchtum kommt, wird auch auf Juist nicht ganz klar. Der heilige Martin soll im Lukas-Evangelium erwähnt sein. Doch das spielt hier keine große Rolle. Inzwischen hat der Spaß selbst die Erwachsenen ergriffen, die sich schon gemäß der fünften Jahreszeit karnevalesk kleiden. Das geht weit über die bloße Gestaltung einer Laterne hinaus und belebt das ganze Straßenbild ungemein. Da praktischerweise Halloween in diese dunkle Zeit fällt, sind die Menschen zudem ein wenig gruselig unterwegs. Manche schminken sich auf »Teufel komm raus«. Sie wollen erst einmal andere schocken und dann erst von ihnen belächelt werden. Am Schiffchenteich ist das besonders schön zu sehen, denn dort treffen sich die Umzügler gern. Auch die Wilhelm-, die Friesen- und die Mittelstraße sind Anfang November von laternenschwingenden Kindern, als Aliens verkleideten Schülern und lächelnd Angst machenden Müttern gefüllt. Es ist eine so fabelhafte Mischung, dass man sich Tage wie diesen viel öfter für Juist wünscht.

Juist hält im Winter entspannende Angebote mit Wellness und Massagen bereit, etwa im »Zauberbrunnen« des Biohotels Haus AnNatur.

23

Küstenmuseum im Loog
Loogster Pad 29
26571 Juist
04935 2380918
www.kuestenmuseum-juist.de

IDEAL »VERTOONT«

Küstenmuseum im Loog

Was für ein Fundus an Juister Geschichten. Schon der Stockanker vor dem Eingang des Küstenmuseums, der 1952 vor der Insel gefunden wurde, ist eine Erzählung wert. Er stammt von einem großen Segelschiff etwa aus dem Jahr 1750. Auch die grüne Spierentonne, einst als Markierung für eine Einfahrt auf See verwendet, ist nicht zu übersehen. Übrigens wird Juist erstmals 1545 in einem holländischen Segelhandbuch erwähnt und kartografisch erfasst, in Form einer sogenannten »Vertoonung«. Das sind die Seezeichen, die in der Karte eingetragen sind und auf Untiefen oder Hindernisse hinweisen.

Innen geht es weiter: Auf 500 Quadratmetern wird in elf Räumen gezeigt, wie es sich früher hier lebte, was für Gefahren von Seefahrt und Natur ausgingen. Die Ausstellung beleuchtet auch die Gewinnung von Erdgas, Öl und Windenergie in der Nordsee, den Küstenschutz, die Fischerei, die Botanik und Zoologie der Insel sowie die Seebäder- und Inselgeschichte.

So heißt es in den Annalen im Jahr 1715 sinngemäß: Die Juister gründen zwei Dörfer und teilen sich auf in Billdorf und Loogdorf. Dies hier ist das Loog, was »Dorf« heißt. Es überlebt die nächste Sturmflut, während das Billdorf weiter westlich bereits zwei Jahre später bei der Weihnachtsflut völlig zerstört wird. 28 Menschen sterben. Die Häuser werden nicht wiederaufgebaut. Dafür errichten die Juister später rund 2,5 Kilometer weiter das Ostdorf, den heutigen Hauptort.

1934 wurde das Museum in der ehemaligen Schule am Meer eingerichtet. Der Reformpädagoge Martin Luserke hatte zuvor hier zehn Jahre lang ein Internat betrieben. Schon damals war der aus Franken stammende Maler, Zeichner und Grafiker Alf Depser häufig zu Gast beim Biologen Otto Leege und besuchte mit ihm die Insel Memmert. 1937 zog Depser mit seiner Frau ins Loog, wo er bis zu seinem Tode 1990 lebte. Depser entwarf das Juister Wappen und das der Ostfriesischen Landschaft.

Wer Genaueres über seinen Strandfund herausfinden möchte, kann ihn ins Küstenmuseum bringen. Dort werden einmal wöchentlich Fundstücke bestimmt.

24

Hammersee
Westlich von Loog
26571 Juist

Zu den Zugvögeltagen:
www.zugvogeltage.de

HAND IN HAND MIT DER NATUR

Hammersee

Zwischen dem alten Dorf Loog und der Bill, dem westlichen Sandende von Juist, liegt der Hammersee. So einen Süßwassersee gibt es nirgends sonst auf den sieben Ostfriesischen Inseln. Einst war der See eine Meeresbucht. Das Regenwasser hat ihn inzwischen ausgesüßt, sodass Schilfröhricht am Ufer wachsen kann. Dadurch verlandet der See langsam. Singvögel, Enten und Haubentaucher leben hier prächtig. Es ist eine Freude, den vielen Schwimmvögeln auf dem Wasser zuzusehen. Das geht vom Ufer aus oder von den Dünenketten, die den See umgeben.

Vom Hauptweg nach Westen zur Bill geht es ein paar Schritte auf einem verwunschenen Pfad Richtung See, dann rechts ein paar Stufen hinauf zu einem Aussichtspunkt auf der Hammerdüne. Der Blick schweift von hier über die Bäume, die Seefläche bis zu den Dünen und zu den Häusern des Loogs. Weiter hinten schaut die Kuppel des Strandhotels Kurhaus an der Strandpromenade sowie die Spitze des Wasserturms hervor. Die Juister nennen ihn wegen seiner länglichen Form mit kleinem Kopf »Doornkaatbuddel«. In dieser »Schnapsflasche« befindet sich allerdings entgegen anderer Behauptungen nur reines Trinkwasser, etwa 200 Kubikmeter.

Hier auf der Hammerdüne hatte 1651 die schwere Petriflut die Insel zweigeteilt. Mehr als 200 Jahre lang gab es Juist also doppelt, dann wurde der Durchbruch im Süden durch Schutzdünen wieder geschlossen. Im Norden blieb eine Bucht erhalten. Die menschlich verfügte Wiedervereinigung wurde 1932 weiter verfestigt, denn auch im Norden waren inzwischen Sandwälle aufgeschüttet worden. In der niedrigen Bucht zwischen den Dünen im Süden und dem neuen Hammerdeich verblieb das Salzwasser einer Sturmflut und bildete den See. »Hammer« steht für »niedrig gelegene, feuchte Wiese«. Jogger und Spaziergänger umrunden das Idyll nur zu gern. Es ist sozusagen ein »Hammergefühl«.

Die Zugvogeltage in der zweiten Oktoberhälfte sind auch auf Juist ein Höhepunkt. Dann legen die Vögel auf dem Weg ins südliche Winterquartier hier einen Fressstopp ein.

25

Wäldchen westlich vom Hammersee
26571 Juist

Loogster Stuv
Hammerseestraße 15
26571 Juist
04935 921285
www.loogster-stuv.de

QUER DURCH DEN ZAUBERWALD

Wäldchen westlich vom Hammersee

Es war der Biologe Otto Leege, der um 1900 westlich des Hammersees damit begann, Bäume zu pflanzen, die dem Seewind standhalten konnten. Aus insgesamt 50.000 Setzlingen, darunter auch Schwarzerlen und Karpatenbirken, entstand über die Jahre dieses Wäldchen. Das Naturschutzgebiet hat inzwischen eine ansehnliche Größe erreicht und kann auf Wegen durchwandert werden. Manche nennen es auch Zauberwald, weil es durch den knorrigen Wuchs der Bäume so verwunschen wirkt.

Otto Leege kam 1882 mit 20 Jahren als Lehrer nach Juist. Der Verdienst reichte kaum zum Leben, deshalb betrieb er auch die Post- und Telegrafenstelle und wurde zudem Organist in der Inselkirche. Von seiner Mutter, einer großen Pflanzenkennerin, hatte er die Neigung übernommen, sich intensiv mit der Pflanzen- und Tierwelt zu beschäftigen. Dieser Leidenschaft widmete er sich auf Juist und vor allem auf der unbewohnten Nachbarinsel Memmert. Der Schutz der dortigen Vogelwelt sollte sein Lebenswerk werden. Schon 1906 wurde erstmals das Betreten des Memmert zur Brutzeit strengstens untersagt, ebenfalls ein Verdienst Leeges. Er begann dort die Dünen zu bepflanzen. Sein Sohn Otto Leege junior wurde 1921 sogar Inselvogt und wohnte als erster Mensch dauerhaft auf der Insel, die nun unter staatlichen Schutz gestellt wurde.

Da der Memmert für Besucher nicht zugänglich ist, bleibt der Zauberwald das für alle anschauliche Beispiel der Pflanzarbeit Leeges und seines Verständnisses vom Naturschutz. Der Wald ist ebenfalls Teil von Leeges Lebenswerk. Die Wege sind etwas unübersichtlich, doch wer nach Norden geht, erreicht bald die Dünen, den Strand und die Nordsee. Nach Westen dauert es etwas länger, bis eine Aussichtsdüne und danach die Domäne Bill erreicht sind. Wer aber die grünen Wegweiser findet, ist schnell wieder auf Kurs in diesem herrlichen Stück Natur auf Juist.

Zur Ostfriesischen Teezeit in der gemütlichen Loogster Stuv im Loog einzukehren, ist ein guter Abschluss eines Spaziergangs.

26

Billriff
Westende der Insel
Startpunkt für eine
Wanderung:
Fahrrad-Parkplatz
Memmertstraße
26571 Juist

Domäne Bill
Hammerseestraße 16
26571 Juist
04935 1212
www.kluntje-juist.de

EIN TRAUM AUS SAND UND MEER

Billriff

Der Wind treibt feinen Flugsand über die feste Fläche. Die Sonne bringt das Wasser weiter hinten zum Glitzern. Was für ein Tag! Das Sandriff Bill liefert den Boden für das große Erlebnis einer Wanderung um die Westspitze Juists. Hier treffen sich Nordsee und Wattenmeer, hier rasten Vögel und Seehunde. Ein einsamer Sandweg führt am Meeressaum entlang nach Westen hinaus durch die Ruhezone des Nationalparks. Daher darf man den Weg nicht verlassen – und muss ihn auch genauso wieder zurückgehen. Das kann insgesamt gut drei Stunden dauern!

Dieses Westende hat die Form eines runden Sandkopfes. Die Insulaner hat das früher wohl an eine Pobacke erinnert, weshalb sie es »Bill(e)« nannten, wie der Körperteil im Friesischen heißt. Das Gebiet wird sogar größer. Zwar verlagert sich Juist, wie alle Ostfriesischen Inseln, langsam nach Osten, aber es wächst auch westwärts. Die Strömung der Osterems – das ist der östliche Mündungsarm der äußeren Ems – versorgt das Billriff mit Sand, der sich dort ablagert. Allerlei wird hier angespült, daher einfach mal vor die Füße schauen: Da liegen Muscheln, ein mit Algen besetzter Eimer oder Plastikteile. Die allerdings gehören in Sammelboxen, die die Kurverwaltung am Nordstrand aufgestellt hat. Einsammeln hilft der Umwelt. Es ist angesichts der »Plastikisierung« der Meere eine Art Bürgerpflicht.

Der Blick schweift auch Richtung Süden zur Vogelschutzinsel Memmert. Sie kann nicht besucht werden, ihre Erforschung und ihr Schutz waren das Lebenswerk des Juister Lehrers und Biologen Otto Leege. 1912 hielt er in einer Untersuchung der »werdenden Insel« fest, dass sich 188 Pflanzenarten dort durch Meeres- und Luftströmung, sowie durch Vögel und Insekten ausgebreitet hatten. Das Billriff ist hingegen eine Sandwüste, in der jedoch viel Leben wohnt, die sich ständig verändert und erneuert – ein großartiges Stück Juist!

Einkehren in der *Domäne Bill* bei hausgemachten Spezialitäten wie Stuten (süßes Weißbrot mit Rosinen), mit Spielplatz und Terrasse.

27

Nord-Badestrand
Am Nordstrand
26548 Norderney
www.norderney.de

Nordstrand Oase
Liegt etwa sieben Kilometer östlich der Stadtmitte nahe der Bushaltestelle Oase
26548 Norderney

IMMERHIN PLUSGRADE

Nord-Badestrand

Selbst die Möwen scheinen Gänsehaut zu bekommen. An diesem grauen dritten Oktober hat die Nordsee vor Norderney matte 15 Grad. Jedenfalls steht das auf dem Schild kurz über der Notrufnummer 112, das an der roten Plane des Beobachtungsturms klemmt. Allein schon für nackte Füße, von den Wellenausläufern nur zart berührt, fühlt es sich wie die Hälfte der Gradzahl an. Die Luft bringt es sogar nur auf 13 Grad. Doch die Damen und Herren, die sich zum Abbaden am Nord-Badestrand frei gemacht haben, sehen sehr entschlossen aus. Ein paar hundert Schaulustige, in dicke Jacken mit Kapuzen gehüllt, stehen fassungslos am Strand und strecken ihre Arme aus, an denen meist Handys hängen – filmbereit.

Die Mutigen stürmen los. Die ersten werfen sich in die Gischt der Wellen. Es dauert nicht lange, und alle da draußen werden zu Rothäuten. Der Gesichtsausdruck der Zurückeilenden wirkt gepresst. Niemand schreibt vor, wie lange es ein Körper im kalten Wasser aushalten soll. Dabeisein ist alles. Abbaden ist die große Gaudi, festgehalten von den Angehörigen in Bild und Ton für die Ewigkeit.

Die beiden Rettungsschwimmer vom fahrbaren Turm nahe am Wasser brauchen nicht einzugreifen. Alle kehren zurück und sehen gut durchblutet aus. Jetzt geht es nur noch darum, der weiter gefallenen Lufttemperatur zu trotzen. Wo liegt mein Handtuch, was kann ich mir überwerfen, wie weit ist es zur Umkleide? Mehr Fragen sind im Moment für die Mutigen nicht relevant. Die anderen aber, die Warmgehaltenen am Strand, feixen und freuen sich, vereinzelt mit einem Schmunzeln beim Kopfschütteln. »Nichts für mich«, bekräftigen sie mit verzerrten Mundwinkeln. Allerdings ist der Anblick dieses Akts der Selbstkasteiung schon ein Erlebnis, jedes Jahr aufs Neue.

Schwitzen bei Panoramablick aufs Meer: Die Strandsauna am gemischten FKK-Strand Oase ist von Ostern bis Oktober geöffnet.

28

Am Kap
Zugang über Bürgermeister Willi-Lührs-Straße
26548 Norderney

White Sands Festival
www.whitesandsfestival.de

DEN MÄNNERN HEIMLEUCHTEN

Am Kap

Es liegt auf einer rund 15 Meter hohen Anhöhe. Das Kap Norderney bietet einen der besten Ausblicke über den Ort und Teile der Insel. Zwei Meere sind zu sehen: das Wattenmeer und die Nordsee. Das Augenzwinkern dazu versteht sich, denn beide gehören natürlich zusammen. Ein wenig versteckt warten mehrere geschwungene Liegen auf Ausguckfreudige. Sie sind der Hit. Wer sich darauf niederlässt, sich langsam in oder aus dem Wind dreht, stellt sein Inneres auf Zufriedenheit.

Das Kap hat eine eigene Tradition, seit es 1849 errichtet wurde. Damals schon diente es den Seeleuten als Orientierung. Schlicht gesagt entfachten die Frauen nachts hier oben ein Feuer, um ihren seefahrenden Männern heimzuleuchten. So konnten sie das Seegat zwischen Norderney und Juist besser finden, um dann in den Hafen einzulaufen. Dabei konnte es den Frauen auf dem Kap allerdings passieren, dass neben dem Signalfeuer auch das mächtige Gestell aus Fichtenholz zu brennen begann. Deshalb ersetzte 1870 ein Steinbau das zwölf Meter hohe Balkengerüst. Es gab im Laufe der Zeit mehrere Neubauten und Modernisierungen, die letzte war 2017. Die Namen der freundlichen Spender stehen auf einer Tafel. Allerdings wird das Wahrzeichen der Insel schon lange nicht mehr als Leuchtfeuer genutzt. Längst hatte 1874 der neue, 54 Meter hohe Leuchtturm weiter östlich auf Norderney diese Funktion übernommen. Seine Strahlkraft setzte sich bereits früh aus 24 einzelnen Lichtern zusammen und ist enorm. Schon damals war das Norderneyer Leuchtfeuer 43 Kilometer weit zu sehen. Es ist zudem eine der seltenen linksdrehenden Leuchten. Der Leuchtturm lässt sich zu gewissen Zeiten auch besteigen, allerdings sind es mehr als 250 Stufen. Da ist vorerst wohl das ortsnahe Kap die bequemere Variante für den Norderney-Überblick.

Im Mai oder Juni ist das White Sands Festival der Hit: Top-Windsurfer und Top-Beachvolleyballer sind zu beobachten.

29

Marienhöhe Norderney
Damenpfad 42a
26548 Norderney
04932 9350153
www.marienhoehe-norderney.de

Mehr über die Inselgeschichte:
www.norderney-chronik.de

BADEN UNTER PREUSSISCHER FLAGGE

Marienhöhe Norderney

Die rote Flagge am Pavillon der Marienhöhe war gehisst. Das bedeutete: Am Weststrand baden die Damen. Es war Ende Juni 1866 zur Mittagszeit. Doch die friedliche Szene wurde jäh gestört. Marineinfanteristen der Preußen landeten am Strand, erschreckten die Badenden an ihren Karren im Wasser allein durch ihre Anwesenheit und stürmten dann schnurstracks die Marienhöhe. Dort ersetzten sie die rote durch die preußische Fahne, und schon war Norderney erobert. Es war das sich seit Tagen andeutende Ende des Königreichs Hannover. Seit dem Wiener Kongress 1815 gehörten Ostfriesland, und damit die sieben Inseln, ihm an. Nun übernahm Preußen das Ruder; aus dem in Europa etablierten Königlich-Hannoverschen Seebad Norderney wurde ein Preußisches Staatsbad.

Das jähe Ende des hannoverschen Königreichs 1866 ließ den Pavillon allerdings zunächst unbenutzt zurück. Das Königspaar kam nie wieder auf die Insel. Georg V. war vielmehr gezwungen, aus Hannover zu fliehen und fand in Wien Asyl. Seine Familie verbrachte noch ein Jahr auf Schloss Marienburg südlich von Hannover und ging dann ebenfalls ins österreichische Exil.

Wer die Marienhöhe heute besucht, wird erfreut sein, wie frisch und übersichtlich die moderne Einrichtung des Cafés mit den weißen Säulen aussieht. Der Rundumblick ist hervorragend. Der Name stammt noch aus hannoverscher Zeit, denn Königin Marie war die Frau von König Georg V. von Hannover. Die beiden hatten Norderney liebgewonnen und residierten dort regelmäßig im Sommer mehrere Monate. Das Königspaar ließ auf der Anhöhe einen Holzpavillon bauen und nahm dort mit Blick auf Ebbe und Flut gerne den nachmittäglichen Kaffee ein. Auch Picknick mit Musik und Lesungen gab es öfter hier oben im Beisein der Königin. Im Café lässt sich die Magie des Ortes ein wenig spüren.

Die Historischen Schaufenster sind quer über die Insel verteilt und vermitteln in Bild und Text spannende Momente der Norderneyer Geschichte.

30

Ausrufer am
Conversationshaus
Am Kurplatz 1
26548 Norderney
04932 891900 (Tourist-Information)
www.norderney.de

JETZT ALLE MAL HERHÖREN!

Ausrufer am Conversationshaus

Ausrufer haben eine lange Tradition, nicht nur auf Norderney. Sie verkünden Neuigkeiten. Sie geben Offizielles bekannt. Sie befassen sich mit Sorgen und Nöten des einfachen Volkes. Das besteht auf der Nordseeinsel heutzutage meist aus wissbegierigen älteren Frauen. Sie umringen Bernd Krüger regelrecht. Vor dem Conversationshaus am Kurpark und am Kurplatz beantwortet er allerlei Fragen der Besucher – von Ostern bis Oktober, an fast jedem Wochentag am späten Vormittag. Er läutet seine Handglocke, stellt sich der illustren Runde vor und geht auf die besonderen Angebote des Tages im Inselprogramm ein. Hier Strandgymnastik, da eine Lesung, dort ein Konzert. Dann mustert er sein heutiges Publikum, das sich im Halbkreis um ihn versammelt hat, und sucht passende Anekdoten aus. Die trägt er vor, bis alle lachen. Das dauert meistens nicht lange. Schließlich wird der Kreis der Zuhörerschaft kleiner. Es kommen einzelne zu Bernd Krüger und stellen Fragen. Der geborene Hamelner lebt seit 1954 auf Norderney und weiß tatsächlich auf alle Inselfragen eine passende Antwort.

Gerade sind reiselustige Frauen aus Garmisch-Partenkirchen zu Gast und nähern sich dem Ausrufer. Die fröhliche Runde erzählt fleißig. Sie möchten ein Foto mit dem berühmten Norderneyer schießen. Es ist eine Gaudi, die Bernd Krüger damit zum Höhepunkt bringt, dass er von seinen Urlauben in Mittenwald erzählt. Das liegt knapp 20 Kilometer von deren Heimat entfernt. Daran ist wunderbar zu erkennen, wie groß die Anziehungskraft des Andersartigen ist: Die Voralpler schätzen die Nordsee, den Norderneyer zieht es in die Nähe der Zugspitze. Die Frauen aus Bayern senken regelmäßig auf der Insel durch ihre Bewegung an der Seeluft ihren Bluthochdruck, wie sie sagen. Das tue ihnen so gut. Na bitte!

Mit Lounge, Bar und kostenlosem Internet sowie vielen Informationen über die Insel und Ticketvorverkauf ist das Conversationshaus täglich die ideale Anlaufstelle für Gäste.

31

Kurtheater Norderney
Am Kurtheater 4
26548 Norderney
04932 891900

Golfclub Norderney e.V.
Am Golfplatz 2
26548 Norderney
04932 927156
www.gc-norderney.de

Konzert, Kabarett und Kino

Kurtheater Norderney

Rot ist die vorherrschende Farbe im Kurtheater. Die Polster sind bequem und die großartige Kulisse sollte kein Besucher verpassen. Vor allem sollte man sich Zeit nehmen, die Logen, die Vorhänge, die Ornamente und den riesigen Kristallleuchter in der Mitte zu betrachten. Zu sehen sind natürlich die grandiosen Darbietungen. Neben Theaterstücken, Comedy, Kabarett und Konzerten gehen hier auch Kinofilme über die Bühne. Es ist jedes Jahr aufs Neue ein umfassendes Programm.

Das Kurtheater wurde 1894 eröffnet und ist damit das älteste Theater Ostfrieslands. Es ähnelt ein wenig dem Celler Hoftheater, die Architektur erinnert aber auch an das Opernhaus in Hannover. Das verwundert kaum, denn Norderney gehörte von 1815 bis 1866 zum Königreich Hannover. Schon seit Jahrzehnten war damals auf Norderney der Wunsch nach einem repräsentativen Ort für kulturelle Darbietungen gewachsen.

Schließlich war die Insel bereits 1797 als erstes Nordseeheilbad Deutschlands in die Geschichte eingegangen und gut besucht. Englische Seebäder dienten als Vorbild. Es gab sogar einen Seesteg über den Wellen – zum besseren Inhalieren der Meeresluft während des Flanierens. Das taten ohnehin viele Prominente auf Norderney. So spürte Wilhelm von Humboldt, Gründer der Berliner Universität, bei seinen Besuchen 1831 bis 1833 »die Leichtigkeit in allen Gliedern«. Otto von Bismarck liebte das Kegeln, schoss Kaninchen und unterhielt die Damen. An Heinrich Heine, der von 1825 bis 1827 öfter hier war, erinnert ein Denkmal.

Bis das Kurtheater fertig war, traten internationale Opernstars, berühmte Orchester oder Lustspielensembles im Conversationshaus auf. Die erste Theatersaison begann im Sommer 1872. Später investierte der Hotelier Gustav Weidemann in den Theaterbau im großen Restaurationsgarten seines Hotels *Deutsches Haus*. Davon profitieren die Gäste noch heute.

Fliegende Bälle statt ruhiger Kugel: Wer Golf spielen möchte, findet einen anspruchsvollen Platz in den Dünen.

32

Bronzefiguren auf dem **Kurplatz**
Am Kurplatz
26548 Norderney

Tickets für die **Kurmusik am Kurplatz:**
Adolfsreihe 1
26548 Norderney
04932 891180
www.warschauer-symphonie-orchester.de

LAUTLOSES MINIATUR-KONZERT

Bronzefiguren auf dem Kurplatz

Sie sind nur 17 Zentimeter hoch, doch sie sind ein großer Quell der Freude und jederzeit zugänglich. Die drei Bronze-Miniaturen des Bildhauers Helmut Bourger sitzen auf Steinstelen zwischen Heckenrosen auf dem Kurplatz. Der *Singende* schaut in sein Liederbuch. Der *Flötenspieler* ist fasziniert von seinen zarten Tönen und blickt auf seine übereinander gelegten, nackten Füße. Der *Lautenspieler* hat es sich im Schneidersitz bequem gemacht und streicht sanft über sein Instrument. Diese drei geben sozusagen ein unendlich langes Konzert, das freilich nur in der Fantasie der Betrachter erklingt. Es sind so liebe- und hingebungsvoll geformte Skulpturen, wie sie nur ein Meister erschaffen konnte. Die drei Miniaturen gehören zu den letzten Werken, die Helmut Bourger formte, er starb 1989 mit 59 Jahren.

Seine künstlerische Heimat hatte Bourger im Gerz Atelier von Montabaur, für das er rund 50 Motive gestaltete. Auch die sitzende Nackte im Kurpark von Bad Pyrmont zählt zu seinen Werken. Aufträge erhielt der Bildhauer von vielen Kirchen und Museen quer durch Europa. Auch viele Krippenfiguren sind heute noch von ihm zu bewundern. Bourger war dank eines Stipendiums an die Akademie der Schönen Künste in Rom gekommen, erhielt dort allerbeste Noten, sodass die Stadt Rom ihm für seine Abschlussarbeit noch ein Diplom verlieh. Seine Art der Darstellung, die Ausdrucksstärke und Tiefe der Formen, ist anrührend. Wer sich nur ein wenig Zeit nimmt, die Mimik der Miniaturen, ihre Körperhaltung und Gesten zu studieren, ist augenblicklich in ihre (Gesangs-)Welt eingetaucht. Er möchte mit ihnen musizieren, ihre Gedanken lesen können oder einfach nur bei ihnen sein. Die drei auf dem Norderneyer Kurplatz sind jedenfalls unermüdlich bei jedem Wetter im Einsatz und spielen ihre Lebensmelodie.

Wer gute Kurmusik hören möchte, hat dazu im musikalischen Klassiksommer Gelegenheit. Es spielt das Warschauer Symphonie-Orchester im Conversationshaus und im Kurtheater.

33

bade:haus norderney
Am Kurplatz 2
26548 Norderney
04932 891400
www.norderney.de

GESUNDHEIT AUS DEM MEER

bade:haus norderney

Sich den Körper mit gereinigtem Schlick zu beschmieren, macht nicht nur Spaß, es ist sehr gesundheitsfördernd. Thalasso nennt sich die Anwendung, stammt vom griechischen Wort »thalassa« und bedeutet lediglich »Meer«. Doch gemeint ist eine umfassende Gesundheits- und Wohlfühlbehandlung, die das Immunsystem stärkt und gegen Infektionskrankheiten schützt. Die Temperaturregulation des Körpers wird aktiviert. Im *bade:haus norderney,* dem größten Thalasso-Zentrum Europas, setzen die Mediziner auf eine ganzheitliche Behandlung. Frisches Meerwasser aus der nur wenige hundert Meter entfernten Nordsee wird eingeleitet (und gereinigt). Es sind diese natürlichen Methoden, die gezielt eingesetzt dem Körper mehr Widerstandskraft verleihen. Dazu gehören auch Thalasso-Wege und -Plattformen in Strandnähe. Es geht ums Gesundatmen in der heilsamen Meeresluft von Norderney. Bei einer frischen Brise bringt der Mensch während des Spaziergangs automatisch den Kreislauf in Wallung. Diese bessere Durchblutung – zu erkennen an den rosa Wangen – hält im Meeresklima länger an, wie ein Badearzt erläutert.

Das *bade:haus norderney* selbst bietet zudem bestes Meergefühl. Ob Feuerbad mit 42 Grad, Bewegungsbad mit Massagedüsen, Kaltbad mit 14 Grad oder Dampfbad, Wasserfallduschen aus sechs Metern Höhe, Wasserliegen, Salz- und Außenbad – all das regt den Kreislauf an und streichelt die Seele. Wer möchte, geht noch in die Kelo-Außensauna auf der Dachterrasse und blickt bei 80 Grad über die Dächer Norderneys. Frei pendelnde Ruheliegen, Dampf-, Kessel- und Biosauna laden ein. Es sind auch Kosmetikanwendungen im Angebot. Doch nun ist es Zeit für die nächste original Norderneyer-Schlick-Packung mit Meeresheilerde. Sie reinigt, hemmt Entzündungen im Körper und verleiht durch das Schwebeliegen-Ritual ein Wohlgefühl.

Zum *bade:haus norderney* gehört auch ein Familienbad mit Wellen. Und wer möchte, kann in einem der elf Appartements im Haus sogar stilvoll übernachten.

34

Restaurant Zur Mühle
Marienstraße 24
26548 Norderney
04932 2006
www.norderney-muehle.de

Neuigkeiten über
Norderney unter:
www.nomo-norderney.de

DIE EINZIGE AUF DEN INSELN

Restaurant Zur Mühle

Es klappert die Mühle – nein, hier gibt es keinen rauschenden Bach. Es ist ein Galerieholländer und der ganze Stolz der Insulaner. Die einzige Windmühle auf einer Ostfriesischen Insel wurde 1862 fertiggestellt und mahlte sogar bis 1962 eifrig Korn. Ihrem Namen »Selden Rüst« machte sie damit alle Ehre, übersetzt heißt das »selten Ruhe«. Mehl bei nasskaltem Wetter länger auf der Insel zu lagern, war nämlich schon früh ein Problem. Deshalb musste eine Mühle her. Ihbe Lammers Hellmers erbaute sie schließlich, die dafür notwendige königliche Konzession hatten die Bäcker bereits erwirkt. Zudem kamen Mitte des 19. Jahrhunderts immer mehr Gäste, die alle gern Brot aßen. Durch die Mühle war die Versorgung gesichert, Weizen und Roggen wuchsen auf der Insel.

In den Annalen ist sogar die Leistung festgehalten. Bei Windstärken von fünf bis sechs aus östlicher oder südlicher Richtung konnte die Mühle rund fünf Tonnen Korn am Tag mahlen. Bei der Windstärke sechs bewegt sich die Luft mit 39 bis 49 Stundenkilometern, starke Äste sind schon in Bewegung und die Wellenkämme auf der Nordsee brechen. Sie erzeugen größere, weiße Schaumflächen. Diese Windkraft war die Voraussetzung für diese enorme Leistung, 5.000 Kilogramm Korn zu mahlen. Das sind 100 Säcke voll – für damalige Zeiten nicht gerade wenig.

Für Mühlenfans gibt es noch mehr zu erfahren, und zwar unten im Restaurant mit Teestube. Dort gibt es regionale Gerichte und einen kleinen Sprachkursus für Friesisch, denn auf der Karte taucht über der hausgemachten Gelben Grütze mit Vanilleeis die Frage auf: »Wat sööts achteran?« Also: Etwas Süßes zum Abschluss? Suppen stehen unter der Rubrik: »Wat mit'n Löppel to eeten.« Am schönsten aber ist es an den Tischen draußen vor der Mühle im Sommer – mit Blick auf das wunderschöne Reetdach, das einzige auf Norderney.

Aktuelle Neuigkeiten von der Insel verbreitet der *Norderneyer Morgen*. Das Heft ist an vielen Stellen kostenlos zu bekommen.

35

Segelschule Norderney
Am Hafen 17
26548 Norderney
0175 7663737
www.segelschule-norderney.de

Museum Nordseeheilbad Norderney
Am Weststrand 11
26548 Norderney
04932 935422
www.museum-norderney.de

ALLES FÜR UNS VERKLICKERT

Segelschule Norderney

Perspektivwechsel. Wie anders sieht die Küste vom Meer betrachtet aus? Also Leinen los – und zwar im Segelboot! Drei bis vier Windstärken sind heute zu erwarten. Ideal für eine dreistündige Runde mit dem Wind durch die Wellen. Als eine der wenigen Segelschulen auf den Ostfriesischen Inseln bietet die auf Norderney Neulingen von Ostern bis Oktober an, erste Erfahrungen durchs Mitsegeln zu sammeln.

Sid, Inhaber der Segelschule, ist heute unser Lehrer, ein Könner und Kenner, der schon von klein auf segelt. Er ist ein Schweizer, der jetzt auch Norddeutschen das Segeln erklärt. Aber das ist eine andere Geschichte.

Auch die kleinen Gäste Hans und Julia sind mit an Bord und dürfen sofort ein paar Leinen festhalten. Jeder kann Hand anlegen, keiner muss es tun. Doch sich selbst einmal an die Pinne zu setzen, also das Ruder zu halten, ist für Anfänger ein Erlebnis. Was passiert, wenn ich das Ruder nur ein wenig mehr anziehe oder loslasse? Sid nennt das »Anluven« oder »Abfallen«. Gut, dass er immer ein Auge darauf hat. Wir »halsen«, »wenden«, »kreuzen«. Egal, von wo der Wind weht, wir segeln um die Westspitze Norderneys – und wieder zurück.

Hans hat bereits die ersten Kommandos von Sid gelernt. Doch als er selbst »Alles klar zur Wende« rufen soll, fällt ihm nur »genau« als Ankündigung ein. Alle müssen lachen. Das Wort wird in den nächsten Stunden zum Synonym für »ach, ihr wisst schon, was ich meine«. Da die Kommandos beim Segeln tatsächlich für das zeitgleiche Handeln der Mannschaft notwendig sind, gibt Sid sie lieber. Hans setzt dann nur noch sein »genau« dazu wie einen Stempel. Wir wissen jetzt auch, dass zwischen wahrem und scheinbarem Wind Welten liegen und ein »Verklickerer« oben am Mast den Weg weist, also uns alles verklickert, so wie Sid. Keine Frage, wir sind bald wieder an Bord!

Das Museum Nordseeheilbad Norderney informiert über »Reiselust & Badespaß« mit Details aus dem Strandleben, den Badesitten und Fremdenzimmern von damals.

36

Weiße Düne
Weiße Düne 1
26548 Norderney
04932 935717
www.weisseduene.com

Strandkorbvermietung:
www.norderney.de

VOLL AUF DER HÖHE

Restaurant *Weiße Düne*

Es ist der Gipfel in ganz Ostfriesland: Die höchste Erhebung weit und breit misst stolze 24,4 Meter. Walter-Großmann-Düne nennt sich der Berg nach seinem aus Norden stammenden Vermesser gleichen Namens. Sie befindet sich im Bereich der Weißen Düne am Ostbad Norderneys. Das übrigens wartet mit einem der schönsten Strände der Insel auf. Ein Weg führt vom Strand zu einer Holzhütte mit großen Scheiben und einer Kaminbar. Das ist die *Weiße Düne* in Form eines beliebten Strandrestaurants. Ungezwungen, rustikal und mit künstlerischen Porträtbildern von Prominenten an den Wänden ist das Lokal geradezu eine Institution bei den Gästen. Die Küchenmannschaft zeigt zudem Pepp, was die Auswahl und das Anrichten von Speisen angeht. Dazu gehört die zum Kult gewordene Currywurst im Weckglas mit der passenden Sauce oder auch Kartoffelsuppe mit Krabben.

Somit ist das Lokal ein beliebter Anlaufpunkt. Wirklich laufen muss niemand, denn bis hierher fährt auch ein Linienbus. Diese Verbindung gibt es schon seit 1953, als die Betonstraße in den Osten der Insel fertiggestellt war. Das Ostbad Weiße Düne war bereits am 15. August 1949 eröffnet worden. So kurz nach dem Zweiten Weltkrieg strömten wieder Gäste auf die Insel und suchten Erholung im weißen Sand von Norderney. Als Kuriosum angesehen wurde damals der Dünenexpress: seitlich offene Anhänger mit Sonnendach und Sitzen für die Badegäste, gezogen von einem umgebauten VW-Käfer Cabrio. Aussichtswagen sagten die einen, Gliederzug die anderen. Es gab sogar Postkarten von dem Dünenexpress, die die Beförderten eifrig verschickten. Die Kurverwaltung preschte damals mit einem weiteren Gefährt voran, dem Strandexpress. Der ähnelte dem Weiße-Dünen-Gefährt, war aber elektrisch betrieben und kutschierte die Gäste in Strandnähe.

Schlafstrandkörbe an der Weißen Düne sind für eine Nacht unter dem Sternenhimmel im Sommer das Passende.

37

Watt Welten – Wattenmeer Besucherzentrum Norderney
Am Hafen 2
26548 Norderney
0 49 32 20 01
www.nationalparkhaus-wattenmeer.de

Veranstaltungskalender (auch für andere Inseln):
www.nationalpark-wattenmeer-erleben.de

FLIEGEN WIE DIE KORNWEIHE

Watt Welten – Wattenmeer Besucherzentrum Norderney

Konrad, die Kornweihe, ist in Gefahr. Sie gehört zu den seltenen und am stärksten bedrohten Brutvögelarten in Deutschland. Fast alle Kornweihen brüten auf den Ostfriesischen Inseln im Lebensraum Wattenmeer. Was liegt da näher, als den voll beweglichen Nachbau einer Kornweihe im Besucherzentrum Watt Welten aufs Dach zu stellen? Jeder kann hineinklettern und die Flügel der (zum Glück festgeschraubten) Kornweihe in Schwingungen versetzen.

So anschaulich geht es im ganzen Haus zu. Welche Fische kann ich bedenkenlos essen? Wie steht es um die Themen Müll, Klima oder Artenschutz? Warum soll ich rastende Vögel im Watt nicht stören? Weil sie sich sonst kein Fettpolster für die Weiterreise anfressen können!

Passend dazu ist eine interaktive, spielerische Forschungsreise angelegt. Jeder kann mitmachen und Punkte sammeln. Dieses Konzept, das zum Begreifen einlädt und komplexe Zusammenhänge anschaulich erklärt, unterscheidet das Nationalparkhaus von anderen Informationszentren dieser Art. Hier steht ein riesiges Relief von Norderney im Eingang: Bestens zu erkennen sind Landschaft und Bebauung, Straßen und Freiflächen, das Grün und der Sand, das Watt und das offene Meer. Schon dieses Modell ist es wegen des Detailreichtums wert, länger zu betrachten. Darüber erhebt sich ein Weltkartenpuzzle. Jeder kann mit einer Spende (drei Beträge sind festgelegt) ein Teil erwerben, das mit seinem Namen beschriftet auf der Karte angebracht wird. Oder Handys: Gebrauchte und nicht mehr genutzte Mobiltelefone lassen sich hier abgeben. Natur und Mensch werden geschützt, weil diese Handys wichtige Rohstoffe enthalten, die wiederaufbereitet werden können. Andere Telefone werden repariert und weiterverwendet.

Das Haus mit seinen 600 Quadratmetern Ausstellungsfläche ist ein gefragter Anlaufpunkt. Die nahezu flugbereite Kornweihe auf dem Dach aber ist das Glanzstück.

Spannende und lehrreiche Veranstaltungen sowie Ausflüge ins Watt werden hier ständig angeboten.

38

Fähranleger
26574 Baltrum
04939 91300
www.baltrum-linie.de

Tickets:
Fährhafen Neßmersiel
Strandstraße
26553 Dornum
04933 991606

ZWISCHEN ALLTAG UND URLAUB

Fähre von Neßmersiel nach Baltrum

Die Überfahrt vom Festland zur Insel ist der Abschied vom Alltag. Es sind diese 30 Minuten nach Baltrum, die als Scharnier zwischen den Welten dienen. Alles hinter sich lassen, jetzt beginnt der Urlaub. Schon auf der Fähre in Neßmersiel ist das zu spüren. Die Menschen sind augenblicklich entspannt, geduldig und aufmerksam. Dann tuckert die Fähre los. Steuerbord sind noch Wattwanderer zu sehen, die brauchen natürlich länger bis nach Baltrum. Die Neßmersieler Balje ist gerade tief genug für das Schiff. Es fährt auf eine Lücke zwischen Norderney und Baltrum zu. Einige deuten links auf ein Schiffswrack im Sand von Norderney, da biegt die Fähre auch schon nach Osten ab.

An Norderneys Ostspitze sind Seehunde zu sehen, die sich backbord auf einer Sandbank sonnen. Fast scheint es, als grüßten sie die Ankömmlinge. Das tierische Begrüßungskomitee könnte aber noch deutlich größer ausfallen: 3.792 Austernfischer, 4.493 Lachmöwen oder auch 83 Graugänse und zehn Knutts wären verfügbar, jedenfalls nach der jüngsten Wattvogelzählung des Vogelwarts. Doch zum Empfang am Baltrumer Hafen stehen Männer mittleren Alters bereit, in der Hand jeweils ein Schild ihres Hotels mit der Hausnummer.

Weil es auf der Insel keine Straßennamen gibt, sind diese Hausnummern von großer Bedeutung. Jeder neue Gast sollte sie parat haben, denn wie sonst soll er sich durchfragen, zumal sie keiner erkennbaren Ordnung folgen. Die Nummern werden nacheinander vergeben, abhängig vom Zeitpunkt des Hausbaus. Nur Postboten und die Feuerwehr sind zielsicher im Finden. Immerhin gibt es die drei Ortsteile West-, Ost- und Altes Ostdorf, die ein wenig Orientierung schaffen. Die Inselkarte gibt Auskunft über die Verteilung der Nummern. Und vielleicht steht eine Wippe (Kofferkarre) bereit, die den Namen der Unterkunft mitsamt der Nummer trägt. Die kann der Gast beladen und los geht's.

Wer seine Bleibe nicht findet, kehrt im Lokal *Verhungernix* am Hafen ein.

39

Pferdekutschen im Westdorf am Inselcafé Baltrum
Westdorf 73
26579 Baltrum

BILDHÜBSCH GEFLOCHTEN

Pferdekutschen im Westdorf am Inselcafé

Auf fast allen Inseln sind Pferde die wichtigsten Transportarbeiter. Sie ziehen die Kutschen. Sie bringen schwere Lasten hin und her, ja fahren sogar den Müll zusammen. Sie bewegen auch Reiter zu einem anderen Ort oder eben mal nur so am Strand entlang, weil es Spaß macht.

Einige dieser Pferde werden als Schmuckstücke angesehen und entsprechend verziert. Besonders stattliche Exemplare, wie auf Baltrum zu sehen, können sogar mit ein paar geflochtenen Strähnen glänzen. Den Pferden selbst ist das vermutlich ziemlich egal. Doch bestimmt spüren sie die Bewunderung, die ihnen entgegengebracht wird, doch ein wenig.

Auf den Weiden am Westheller grasen sie friedlich. Oft bleiben Gäste stehen und schauen zu. Hier sind alle möglichen Rassen und Farben zu finden. Wichtig ist: Die Weiden nicht betreten und die Tiere nicht füttern! Falsches oder zu viel Futter kann Koliken auslösen. Da ist es schöner, die Pferde zu beobachten, wie sie interessiert schauen, die Köpfe zusammenhalten oder Richtung Wattenmeer laufen.

Dann sind sie wieder im Westdorf zu sehen, bei ihrem Einsatz. Mal parken sie vor dem Inselcafé, mal am Hafen, wo ihre Kutsche beladen wird. Es sind durchweg geduldige Exemplare, so viel ist ersichtlich. Nervöse Rennpferde hätten hier nichts verloren, die Tiere müssen schließlich zur Insel (und ihrer Aufgabe) passen. Die Pferde und Baltrumer scheinen in einer Art Symbiose zu leben – alle sind höchst entspannt. Anfälle von Hektik werden im Keim erstickt. Aus der Ruhe kommt die Kraft und aus der Nordsee(-luft) die Gesundheit. Und so leben die Zwei- und Vierbeiner hier ein langes Leben. Oftmals färbt das auch auf die zugereisten Teilzeitbaltrumer ab. Wenn sie entschleunigende Lebensart auf sich wirken lassen, verlängern manche ihren Aufenthalt. Für den Alltag ist später Zeit.

Für Reisende mit Handicap gibt es viele Angebote, barrierefreie Zugänge und Unterkünfte sowie einen ambulanten Pflegedienst.

40

Platz des Himmlischen Friesen
Nahe der Tourist-Information der Kurverwaltung im Rathaus
Westdorf 130
26574 Baltrum
04939 800 (Tourist-Information)
www.baltrum.de

SindBad
Westdorf 240
26579 Baltrum
04939 8061
www.baltrum.de/sindbad

DA LACHT DER POTTWAL

Platz des Himmlischen Friesen

Straßen und Plätze tragen auf Baltrum keine Namen. Die Häuser sind der Reihe nach nummeriert, das älteste zuerst. Also deuten die niedrigen Zahlen darauf hin, dass diese Grundstücke auf diesem Teil der Insel als erste bebaut wurden. Doch dieser Platz, eine große Kreuzung für Spaziergänger (und Radfahrer), ist der des Himmlischen Friesen. Dieser Name erinnert zwar an den Platz des himmlischen Friedens in Peking, wo es 1989 Proteste der chinesischen Demokratiebewegung gab, die mit Gewalt erstickt wurden, hat aber nicht diesen faden Beigeschmack.

Er ist auch nicht der Eingang zur Verbotenen Stadt mit dem Kaiserpalast. Und 40 Hektar groß wie der in Peking ist dieser Platz schon gar nicht – das wäre bereits ein Sechzehntel von ganz Baltrum.

Dabei wirkt der Platz auf Baltrum himmlisch friedlich – unter einem weiten Himmel auf einer Sitzbank. Es gibt Geschäfte, Lokale und den Pottwal Fridolin. Dabei hat Baltrum gar keine große Walfangtradition. Die 1994 errichtete Skulptur des Künstlers Andy Möbius ist aber prima zum Herumklettern. So lässt sich ein wenig träumen von früher und der Zeit, als Baltrum 1876 Seebad wurde.

Huch, was war das? Ein Fahrrad! Sie sind jetzt häufiger auf den Wegen zu sehen, denn die Vermieter stellen sie ihren Gästen zur Verfügung. Es gibt keinen Fahrradverleih, weil die Wege kurz sind und die Gäste eigentlich auch die Entschleunigung lieben. Früher grüßten die Einheimischen mit ihrem »Moin« ohne aufzusehen die Radfahrer, da das Einheimische sein mussten. Heute schauen sie erst auf, denn es könnte auch ein Gast auf dem Drahtesel sitzen. So ändert sich die Mobilität auf der Insel, die zudem auf Pferde setzt. Die fühlen sich in den Weiden am Watt besonders wohl.

Ein paar Schritte weiter liegt das Rathaus. Mal sehen, was es in der Tourist-Information Neues gibt.

Das Kur- und Wellness-Center *SindBad* bietet Raum zum Entspannen mit Meerwasser-Badeland und Saunen.

41

Alter Badeturm
Badestrand Abschnitt A
26574 Baltrum

Tourist-Information
Gemeinde- und Kurverwaltung
Postfach 1355
26574 Baltrum
04939 800
www.baltrum.de

DIE ZIERDE BALTRUMS

Alter Badeturm

Manchmal nimmt darin ein DJ Platz. Es wird Musik aufgelegt. Strandparty. Wunderbar. Er ist der Mittelpunkt für Veranstaltungen am Badestrand. Der Badeturm ist sonst aber auch der Ort für Ja-Sager – es wird darin geheiratet. Der Badeturm erfüllt hierfür alle Vorgaben: Er ist ein geschlossener Raum, nicht einsehbar, nicht einhörbar und würdig. Also sind alle Vorgaben erfüllt. So dicht am Wasser und Strand liegt er schlicht an einem wunderbaren Fleckchen für Trauungen und ist deshalb sehr begehrt. Zugegeben: Innen wird es schon recht eng. Zwei Holzhocker mit Polstern stehen bereit und ein hübscher Klapptisch. Dafür sieht er einfach gut aus, der Badeturm. Er wurde vor kurzem nach altem Vorbild an derselben Stelle neu gebaut. Zu verdanken ist das den Inselfreunden Baltrum. Sie fassten mit an und griffen in die Taschen, um Geld locker zu machen.

Das Chassis, also der metallene Unterbau mit drei Rädern, ist die Lafette des ehemaligen Ruderrettungsbootes der Seenotretter von Baltrum. Darauf errichtete man nach dem Zweiten Weltkrieg einen Badeturm. Rettungsschwimmer behielten vom Turm aus den Strand im Blick. Im Notfall rannten sie zum Wasser, sprangen hinein, schwammen und halfen den Badenden an Land. Kein Wunder also, dass 2017 so viele Einheimische, aber auch Gäste sich daran beteiligten, dieses Baltrumer Wahrzeichen zu neuer Ehre zu bringen. In strahlendem Weiß mit rotem Dach ziert der neue Alte Badeturm nun wieder den Badestrand und ist schöner als je zuvor. Fröhlich flattert die blaue Vereinsflagge der Inselfreunde Baltrum am weißen Fahnenmast des Badeturms. Wer hier zur Eheschließung keinen Platz mehr findet, hat die Alte Inselkirche und die große evangelische Kirche als Alternativen. Doch ist der Alte Badeturm einfach das stilvollste, was die Insel für diesen Anlass zu bieten hat.

Onnos Kinderspöölhus liegt ein paar Schritte vom Alten Badeturm aus in Richtung Ort. Da können Kinder toben, Brettspiele machen, basteln und sich unterhalten.

42

Kajak-Verleih
26579 Baltrum
0176 70421703
www.kajak-baltrum.de

Blumen Hinrichs
Ostdorf
Haus 129
04939 650

STOFF ZUM PLAUDERN

Kajak-Verleih

»Wer nicht zahlen kann, muss singen«, meint Uwe Wietjes vergnügt. Er kann dabei mit seiner Gitarre musikalisch unterstützen. An besonderen Tagen singt und spielt Uwe ohnehin selbst, was alle glücklich macht. Der Eigentümer des Kajak-Verleihs am Surfstrand gehört noch zur Klasse der Baltrumer Originale. Deshalb finden sich hier regelmäßig Einheimische und Gäste zum fröhlichen Plaudern ein. Ein paar Getränke lockern die Stimmung im Strandtreff zusätzlich auf. Und zum Sonnenuntergang ist es das ganz große Kino, an diesem Ort zu sitzen und aufs Meer zu blicken.

Kajaks lassen sich natürlich auch ausleihen. Dazu empfiehlt der Chef Sit-on-Top-Kajaks. Die sind kippsicher und gehen so gut wie niemals unter. Knie und Füße haben Platz. Es gibt sie als Einer und Zweier. Also kann es schon losgehen. Für die Zurückgebliebenen bietet sich ein herrlicher Anblick: die bunten Kajaks auf dem blauen Meer, dazu der weite Strand. Übrigens gehört der Sand hier zu den feinsten an der Nordseeküste. Er ließe sich für Sanduhren verwenden, so schön rieselt er. Und das schon mindestens seit 1398, als Baltrum erstmals urkundlich erwähnt wurde. Die Baltrumer sehen es so: Vor Jahrtausenden vereinten sich viele Sandkörner zu einer Sandbank, um auch bei Hochwasser aus der Nordsee herausragen zu können. So war der Boden bereitet für eine Vielzahl von Pflanzen. Sie hielten mit ihren Wurzeln die Sandbank fest. Heute ist sie 6,5 Quadratkilometer groß und trägt ganzjährig rund 500 Einwohner. Dazu auch noch die rund 76.000 Gäste im Jahr. Das »Dornröschen der Nordsee«, wie es manche nennen, gilt von den Ostfriesischen Inseln als der Geheimtipp unter den Urlaubern, die hier mehr als anderswo Abgeschiedenheit, Ruhe und herzliche Kuriosität suchen. Wer sich das näher erläutern lassen möchte, ist im Kajak-Verleih genau richtig.

Gestecke, Mitbringsel und Geschenkideen liefert die Inselgärtnerei Blumen Hinrichs.

43

Die Zigarrenkiste neben
dem Kinderspöölhus
Westdorf 68
26579 Baltrum

Museum Altes Zollhaus
Westdorf 18
26579 Baltrum
04939 910631
www.baltrum.org

TÖDLICHER IRRTUM IM NEBEL

Skulptur *Die Zigarrenkiste* neben dem Kinderspöölhus

Als am 3. Januar 1867 am Strand von Wangerooge eine Zigarrenkiste mit dem Taschentuch des Seefahrtschülers Tjark Ulrich Honken Evers angespült wurde, war klar: Er hat die kleine Seereise vom Festland zur Insel nicht überlebt. Die Skulptur des Auricher Bildhauers Bernd Clemenz Weber aus alten Sandsteinquadern der Buhnen zeigt eindrucksvoll die berührende Geschichte des 21-jährigen Baltrumers.

Tjark ging zur Navigationsschule in Timmel, das rund 40 Kilometer landeinwärts in Ostfriesland liegt. Zu Weihnachten wollte er seine Eltern auf Baltrum besuchen. Zusammen mit einem Langeooger bestieg er in Westeraccumersiel am Morgen des 23. Dezember 1866 ein Boot, das von mehreren Männern gerudert wurde. Es war neblig. Als die Ruderer den anderen Passagier nach Langeooge gebracht hatten, fuhren sie Tjark Richtung Baltrum. Doch sie setzten ihn vor der Insel auf einer Sandbank ab, die sie für den Baltrumer Strand hielten. Damit war sein Schicksal besiegelt, denn er konnte nicht schwimmen. Mit steigender Flut sah er sein Ende kommen und schrieb Briefe an seine Eltern und Geschwister in ein Büchlein. Das steckte er in eine leere Zigarrenkiste, die er bei sich hatte. Er umwickelte sie mit seinem Taschentuch. Tjark ertrank, vermutlich noch am 23. Dezember. Sein Leichnam wurde nie gefunden, nur die Zigarrenkiste mit den Abschiedsbriefen. Einer beginnt so: »Liebe Mutter! Gott tröste Dich, denn Dein Sohn ist nicht mehr. Ich stehe hier und bitte Gott um Vergebung der Sünden. Seid alle gegrüßt. Ich habe das Wasser jetzt bis an die Knie. Ich muß gleich ertrinken, denn Hülfe ist nicht mehr da …« Die Zigarrenkiste mit dem Notizbuch, dem Bleistift sowie dem Taschentuch von Tjark liegt im Museum Altes Zollhaus – was für eine tragische Geschichte.

Das Museum Altes Zollhaus hat noch mehr zur Inselgeschichte zu bieten. Von Ostern bis zum Ende der Herbstferien zeigt es alles über Seefahrer und Strandräuber.

44

Surferstrand
Nahe am Kinderspöölhus
und dem Kajak-Verleih
26574 Baltrum

Kite- und Surfschule
Ulfert Mammen
Haus Wattenblick 192
26579 Baltrum
04939 433
www.surfschule-baltrum.de

DEN MINIWELLEN MUTIG ENTGEGEN

Surferstrand

Surfen lernen – dafür ist der Baltrumer Strand ideal, weil er so flaches Wasser hat. Das liegt an der vorgelagerten Sandbank im Meer. Sie dämpft die Wellen. Wer noch nicht ganz die perfekte Körperhaltung am Board zeigt, wackelig das Gleichgewicht sucht oder aus anderen Gründen ins Wasser muss, kann hier stehen. Das erleichtert viel und nimmt die Angst. Wenn sich bei Wind höhere Wellen formen, sind die Surfschüler meistens schon an Land. Dann überlassen sie das Revier den Speedpiloten und Wellenfreaks. Die sind freilich auch gern als Kitesurfer unterwegs, wofür Baltrum als Geheimtipp gilt. Das wird daran liegen, dass das Kiterevier abwechslungsreich ist und ähnlich wie bei den Surfern Flachwasser und Brandung zu bieten hat.

Nicht nur vom Board aus ist der Strand eine stark frequentierte Zone. Wer sich hier niederlässt, sieht Familien beim Burgenbau, Spontanfußballer, Sandpyramidenformer, Tiefenbuddler, Enkel, die dem Großvater Kleingetier zeigen wollen, und Kinder mit Keschern. Zwei davon stehen gerade auf einer Buhne und deuten auf einen Einsiedlerkrebs, der sich bedeckt hält. Vier Silbermöwen bewachen die Szene. An drolligen Momenten mangelt es nicht. Das Miteinander der tierischen Küstendauerbewohner und menschlichen Stippvisitler am Strand wirkt imposant.

Derweil haben einige der Surfer Mühe, ihr rotes Segel aufzurichten. Doch das Flachwasser gewährt alle Zeit dazu. Der Wind scheint sich ganz zurückzunehmen, weshalb die ersten Surffahrten wahrlich kurz werden. Zum Üben erscheint das den jungen Menschen auf den weißen Boards allerdings sehr zu gefallen. Schon machen sich ein paar Stehpaddler bereit. Sie lieben erst recht die Miniwellen. So können sie leichter aufrecht stehen und sich mit einem langen Paddel mühelos fortbewegen. Was für eine schöne Wasser-Strand-Atmosphäre!

Kurse bietet die Kite- und Surfschule Ulfert Mammen an, sie folgt den Richtlinien des Verbands Deutscher Wassersportschulen (VDWS).

45

Birkenwald
Startpunkt: Altes Ostdorf
Den Weg von Haus Nr. 38 erst nördlich, dann östlich und an der nächsten Kreuzung wieder nördlich Richtung Strand nehmen.
26579 Baltrum

UND DANN ZUR ROTEN KNUTSCHBUDE

Birkenwald

Hinter dem Ostdorf geht es zur Großen Aussichtsdüne hinauf. Über den grünen Lattenzaun fällt der Blick nach Norden und Osten über Birken und Grasflächen zu Krüppelkiefern, dann weiter zur Nordsee. Da hinten, ist das schon das Festland? Nein, das ist Langeoog, die Insel östlich von Baltrum. Vorn blühen Heckenrosen und verbreiten ihren Duft. Die wellige Landschaft hat ihren ganz eigenen Charme.

Südlich liegen die Inselgärten. Auf dem Sandboden und bei dem ständigen Wind etwas Essbares anzubauen, bedurfte besonderer Fürsorge. Doch das war früher für die Selbstversorgung der Baltrumer lebensnotwendig. Die Gärten lagen nur einen halben Meter über dem Grundwasser, sodass die Kartoffeln, Karotten, Zwiebeln und Tomaten nicht vertrockneten. Hühner, Ziegen, aber hauptsächlich Schafe, Schweine und Kühe tummelten sich auf dem Gemeindeheller. Damit war es um das Jahr 1960 allerdings vorbei. Der Gemüseanbau war nicht mehr rentabel, genauso wenig wie die Haustierhaltung.

Dann führt der Weg hinein ins Wäldchen. Es duckt sich unter dem Wind, der einen höheren Wuchs nicht zulässt. Dafür ist es hier idyllisch. An der Schräglage der Bäume lässt sich die vornehmliche Windrichtung ablesen. Ein knorriges Bäumchen wächst neben dem anderen. Links vom Weg steht etwas versteckt eine Sitzbank. Das ist ein wunderbarer Ort. Verliebte sitzen hier gern oder gehen noch ein paar hundert Meter weiter zur Liebeshütte, die bei den Baltrumern auch rote Knutschbude heißt. Im Birkenwald treffen sie sich gern, zumindest wenn sie jung oder jung geblieben sind. Es sind die stillen, verwunschenen, träumerischen Ecken der Insel. Wer auf der Bank im Birkenwald Platz nimmt, lauscht dem Gesang des Windes oder dem Rascheln der Blätter. Der Blick fällt auf eine Lichtung. Was mag kommen, was wird bleiben? Die Antwort kennt nur der Wind.

Die Baltrumer sind musikalisch. Zu empfehlen sind das Trio *Nipptied*, der Shanty-Chor *Balt'mer Korben* und *De Fleitjes van Baltrum*.

46

Café Kluntje
Ostdorf 29
26579 Baltrum
04939 419
www.kluntje.com

»Dat knackert un knistert«

Café Kluntje

Ulf Nannen betreibt das Café Kluntje im Ostdorf. Es hat Tradition und frischen Sanddorn-Kuchen zu bieten. Draußen sitzt es sich im Sommer angenehm unter Schirmen und im Grünen. Innen sieht es aus wie in einer Puppenstube. Da winkt der Teddybär von der Häkeldecke. Dort hängen alte Kleider von früheren Hausbewohnern in der offenen Butze. Sie ist mit anderen originellen Originalen prallvoll und liefert fast wie ein Heimatmuseum Einblicke ins frühere Leben auf Baltrum. Damals wurde mit Treibholz geheizt und sitzend geschlafen, weil wegen der vielen Bewohner so wenig Platz war im Alkoven. Der Hauptgrund für die ungemütliche Sitzposition war jedoch die Angst, beim rauchenden Ofen in der Nacht vom Kohlenstoffmonoxid ohnmächtig zu werden.

Diese Zeiten sind lange vorbei. Das Café Kluntje aber blickt gern auf die Anfänge des Hauses mit der Nummer 29 zurück, das etwa 1825 entstand. Eine Sturmflut hatte den Westteil der Insel überflutet. 1999 übernahm Familie Nannen das gute, denkmalgeschützte Stück und renovierte es originalgetreu.

Jetzt ist Zeit für eine Kanne Tee. Dazu liefert Ulf das passende Gedicht von Claudius Wachtendorf: »Bevor man sich den Tee einschenkt, kommt der Kluntje – das ist Kandis – in die Tasse, sodass es knackt und knistert, wenn der heiße Tee draufgegossen wird. Mit dem Sahnelöffel …« Den Rest kennen die meisten. Noch schöner ist es auf Friesisch: »Bevör man sick de Tee gütt in, deit man de Kluntje ünnen drin, so dat dat knackert un knistert – giv got acht! Un denn mit de Rohmläppel ganz sacht, lett man de Rohm in de Tee verschwinnen …« Das wird gerade am Nachbartisch zelebriert. Beim richtigen Ostfriesentee wird die flüssige Sahne linksherum geträufelt. Nur so bleibt die Zeit stehen.

Die Alte Inselkirche von 1826 ist das älteste Haus Baltrums und kaum größer als ein Wohnzimmer. Sie wird noch für Andachten und Trauungen genutzt.

Gezeitenpfad
Startpunkt:
Am Bootshafen
Westdorf
26579 Baltrum

Nationalpark-Haus Baltrum
Haus Nr. 177
26579 Baltrum
04939 469
www.nationalparkhaus-wattenmeer.de

Sonne, Mond und Erde drehen

Gezeitenpfad am Bootshafen

Schon die erste Station am Bootshafen, wo der sieben Kilometer lange Gezeitenpfad beginnt, ist interaktiv. Da lässt sich mit Ebbe und Flut spielen – zumindest am Modell. Sonne, Mond und Erde können bewegt werden. Dabei wird klar: Der Mond erzeugt einen Flutberg. Die Erde dreht sich in 24 Stunden einmal um sich selbst und bewegt sich zweimal unter den Flutbergen hindurch. Es gibt also zweimal Hoch- und zweimal Niedrigwasser pro Tag. Wer wissen möchte, wann an einem beliebigen Tag auf Baltrum Hochwasser aufläuft, dreht den Mond in die aktuelle Mondposition, zum Beispiel vier Tage nach Vollmond. Dann wird Baltrum in den Scheitelpunkt eines Flutberges geschoben. Der Sonnenstrahl dient als Uhrzeiger und deutet auf die Zeit des Hochwassers. So lässt sich aus den Drehmodellen recht viel ablesen. Dass die Stationen verteilt in der Landschaft stehen, ist kein Zufall. Das Wissen über die Natur kann so direkt in ihr erworben und verinnerlicht werden.

Es geht weiter durchs Dorf und über die Promenade, wobei die Reihenfolge der Stationen und die Richtung des Weges nicht eingehalten werden müssen. An Station neun von insgesamt 18 testen Interessierte die Wirkung von Sand und Wind. Wie entstehen Dünen? Das wird hier anschaulich beantwortet. Ebenfalls wird deutlich, wie schnell sie sich verändern. Eigenes Süßwasser fördern kann der Besucher an Station elf. Es kommt aus der Tiefe. Und an Station 17 schlagen die Wellen hoch und damit auch die Frage: Wie beeinflussen sie die Form der Insel?

Zwei Stunden Zeit für den Gezeitenpfad einplanen, und schon hat jeder die Grundkenntnisse, um bei Fragen zu den Naturphänomenen an der Küste nicht mehr als Laie zu gelten. Der Spaziergang entlang des Pfades ist ohnehin gesund, schließlich atmet man dabei die frische Meeresluft.

Das Nationalpark-Haus informiert noch mehr zum Thema – und bietet Wattwanderungen an, sogar zum Festland nach Neßmersiel.

48

Hafenbank
Am Yachthafen Baltrum,
nahe am Baltrumer
Bootsclub
26579 Baltrum

MAL SEHEN
Hafenbank

Was für eine tolle Idee, am Nordostende des Bootshafens an der Hafenbank zwei Ferngläser anzubinden. Sie lassen sich auch in einer Tasche unter einem Brett verstauen. Sonst aber liegen sie offen da, damit jeder Guckwillige genauer hinschauen kann. Wohin? Na, auf die vertäuten Boote, auf die Radfahrer, aufs Watt und den Streifen Festland links und rechts von Neßmersiel. Das kennt jeder Baltrumurlauber, weil man dort im Hafen in die Fähre zur Insel steigt.

Ein paar Windräder sind am Horizont zu sehen. Wolken bauen sich darüber auf. Es ist einfach viel zu entdecken – jedenfalls für alle, die ein wenig Neugier auf die Nordseeküste haben und sich gern überraschen lassen. Genau diese Stimmung gehört zum Baltrumurlaub: ein wenig abtauchen, sich in Gedanken und Betrachtungen verlieren und dabei fröhlich sein. Der Hafenmeister, der die Ferngläser dort anband, lieferte sozusagen die Hardware dazu.

Diese Hafenbank ist übrigens auch einer der Lieblingsorte des Baltrumer Cartoonisten Denis Metz. Er hat die Szene – genau diesen Ausblick – mit zwei Männern und einem kurzen Dialog in einem Cartoon 2018 für die Süddeutsche Zeitung verewigt. Jährlich veranstaltet er mit anderen Karikaturisten zusammen den *Inselwitz*. Bei dem kreativen Treffen der dichtenden Zeichnergilde kommt auch passende Kleinkunst auf die Bühne. Ohnehin sind die Baltrumer äußerst aktive Theaterspieler. Ein Zehntel der Einwohner geht diesem Hobby nach, also rund 50 Personen. Das sind so viele Laiendarsteller wie auf keiner der anderen Inseln. Die Stücke sind anspruchsvoll und unterhaltsam. Meistens ist am Ostersonntag Premiere. Ein paar Tage vorher schon lässt sich von der Hafenbank aus viel beobachten: Die Gäste strömen auf vollen Fähren heran – Hochbetrieb zum Hingucken.

Ob Wolfsbarsch oder Makrele – Angeln auf Baltrum ist ein beliebter Sport. Auskunft erteilt die Kurverwaltung.

49

Flugplatz
Baltrum Flug
Am Flugplatz 302
26579 Baltrum
04939 914040
www.baltrum-flug.de

»Seahorses« im Ostdorf
Sealords Baltrum
Haus 122
26579 Baltrum
04939 320
www.sealords-baltrum.de

HOPPEL EILAND WAR EINMAL

Flugplatz

Wer sich am Westende des Rollfeldes bewegen will, muss hochschauen, stehen bleiben oder schnell sein. Tiefflieger kreuzen den Weg. Auch für Piloten gibt es etwas kurios klingende Regelungen. In der Sommerzeit ist unbedingt die Mittagsruhe von 13 bis 15 Uhr einzuhalten. Sollte der Flugleiter nicht beim ersten Funkruf reagieren, keine Panik, den Anflug fortsetzen, spätestens beim tiefen Überflug wird er aufmerksam. Die Kürze der Landebahn hat schon so manchen geschreckt: 360 Meter Länge und 15 Meter Breite, alles aus Pflastersteinen. Einmotorige Flugzeuge sind nur zur bis 1,4 Tonnen Flugmasse zugelassen.

So ist das eben auf einer Insel, die froh war, 1972 überhaupt die Genehmigung für diese Piste erhalten zu haben. Doch damals war an Pflasterung nicht zu denken. Es war schlicht eine Salzwiese, die bei Sturmflut oder Hochwasser leicht überflutet wird. Im Jahr 2002, als die Piste des Baltrumer Flugplatzes endlich gepflastert wurde, brach Jubel bei den Fliegern aus. »Hoppel Eiland ist Vergangenheit«, betonte Olaf Klün, einer der Gesellschafter der Baltrum Flug GbR, in seiner Rede zur Einweihung der befestigten Start- und Landebahn. Bisher hatten Kaninchen fleißig Löcher in die Piste auf der Wiese gegraben, die obendrein teilweise morastig war.

»Es ist zwar nur eine kurze Piste für eine kleine Insel, aber eine große Errungenschaft für die Zukunft«, sagte Klün stolz. Acht Flugminuten bis Norden-Norddeich sind natürlich ein Argument. Doch auch für Gäste bieten sich gute Möglichkeiten, die Lieblingsinsel von oben zu betrachten. Die besten Fotomotive liefert die Strecke drei. In einer Stunde wird südlich an Langeoog, Spiekeroog und Wangerooge vorbeigeflogen, zurück an der Nordküste und weiter über Norderney bis Juist und wieder zurück.

Kutschfahrten über die Insel bietet das Hotel Sealords im Ostdorf an.

50

Aussichtsplatz am Westkopf
26574 Baltrum

Jugendbildungsstätte Baltrum
Zingelstraße 12
26603 Aurich
04941 991164
www.jbs-baltrum.de

WEHMÜTIGE BLICKE NACH NORDERNEY

Aussichtsplatz am Westkopf

Einmal die Beine richtig hochlegen. Auf der Bank am Aussichtsplatz am Westkopf ist das ideal. Dort lässt sich dem Flug der Seevögel nachschauen. Die begrünten Buhnen als Wellenbrecher bewundern. Den Glitzer der »Wichter Ee« verfolgen – das ist die Fahrrinne zwischen Baltrum (hier) und Norderney (da drüben). Wehmütige Baltrumer blicken natürlich mit anderen Gefühlen zur westlichen Nachbarinsel hinüber. »Ein Teil von uns ist heute Norderney«, sagen sie dann. Das ist insofern richtig, weil Baltrum sich im Laufe der Jahrhunderte nach Osten verlagert hat. Von 1650 bis 1871 waren es unglaubliche 4,45 Kilometer Strand, die Baltrum im Westen verlor. Da, wo Baltrums erste Dorfkirche stand, liegt heute Norderney, die westliche Nachbarinsel. Es ist nicht weniger als eine Ostverschiebung Baltrums, die in dieser Zeit vor sich ging. Nur gewann die Insel im Osten lediglich etwa 1,4 Kilometer dazu. Dafür wurde sie etwas breiter.

Der Osten Norderneys war früher demnach der Westen Baltrums. Wehmut, Schmerz, Rivalität sind die Folge. Das geht so weit, dass Baltrumer im Jahr 2018 mit zwei Schlauchbooten heimlich in Norderney anlegten und den Maibaum stahlen. Sie gruben ihn aus, ließen ihn aber liegen, weil er zu schwer für den Transport war. Doch die Norderneyer mussten den Feinden aus dem Osten dann kräftig Bier spendieren und eine Party geben, so lautet die Regel. Das Ganze ist natürlich spielerisch, aber der Ursprung liegt tatsächlich ein paar Jahrhunderte zurück.

Nun heißt es: weitere Landverluste vermeiden. Daher ist der Westkopf Baltrums durch eine Schrägdeckwerkskonstruktion aus Wasserbausteinen versiegelt worden. Oben führt die Promenade entlang. Dank dieser Vorkehrungen trotzt die Insel auch den reißenden Sturmfluten so gut es geht. Jetzt, im Sommer, liegt auf der »Wichter Ee« ein lieblicher Glitzer – wie trügerisch.

Zelten lässt sich auf Baltrum nur auf dem Zeltplatz an der Jugendbildungsstätte, nicht irgendwo in den Dünen. Das ist streng verboten.

51

Inselkirche
Hinter Vertrauens-
bibliothek (Beiboot),
Hauptstraße 15
26465 Langeoog
www.inselkark.de

Eine-Welt-Laden
Vangerowpad 2
26465 Langeoog

SCHIFF UND MENSCH – WAS NUN?

Inselkirche

Hermann Buß aus Norddeich ist ein ungewöhnlicher Künstler. Er malte für die Inselkirche ein gestrandetes Schiff, das nun den Altar schmückt. Es lohnt sich, sich etwas in dieses ungewöhnliche Kunstwerk zu vertiefen, denn es ist eine Provokation. Vorn steht ein blendend weißer Tisch mit nur noch einem Gast. Die anderen Stühle sind verlassen. Vor dem gestrandeten Schiff hinten stehen viele Menschen regungslos auf einer Art grünem Schiffsdeck. Warten sie? Wenn ja, worauf? Helfen sie den Gestrandeten? Die Menschen sind Einzelne, sie reden nicht miteinander. Meist kehren sie dem Betrachter den Rücken zu. Der Künstler selbst schreibt über das Gemälde: »Unsere Religion lehrt, dass aus dem scheinbar Trostlosen (Kreuzigung) Hoffnung erwächst (Auferstehung).« So nimmt er an, dass die wenig panisch erscheinende Katastrophe auf dem Bild die Interpretationsfähigkeit des Betrachters entfacht. »Bilder sollen helfen, Fragen an sich zuzulassen«, meint Hermann Buß. Das kann nur jeder selbst entscheiden.

Was sich über die vielen Jahre gezeigt hat: Das Bild spricht viele an, ganz unabhängig von religiösen oder kirchlichen Überzeugungen, da es auf seine eigene Weise stets politisch aktuell bleibt. Aber die Hallenkirche in Backstein zieht auch aus anderen Gründen die Menschen an. Sie ist ein Ort zum Ausruhen, zur Besinnung und zum In-sich-Gehen. Dazu können die Gottesdienste und Andachten einen geeigneten Rahmen bilden.

Wer sich weiter in der Kirche umschaut, entdeckt Schiffe. Schon die Türklinke ziert eines. Über dem Lesepult hängt das Votivschiff »Bethel«. Es wurde von einem durch einen Schiffsunfall gelähmten Seemann gebaut. Auch die vier Schnitzreliefs sind eine nähere Betrachtung wert.

Im »Beiboot«, Hauptstraße 15, kann sich übrigens jeder in der Vertrauensbücherei täglich Bücher kostenlos ausleihen. Wer etwas spenden möchte oder Lesbares zu verschenken hat, ist dort genauso richtig.

Neben der Kirche befindet sich der Eine-Welt-Laden mit vielen Angeboten für etwas ungewöhnliche Souvenirs. Der Erlös kommt einer Technikschule in Burkina Faso zugute.

52

Langeooger Kaffeerösterei
Hauptstraße 21
26465 Langeoog
04972 9906413
www.Langeooger.com

Seminare im Goldschmieden
Hofgoldschmiede am Meer – Martina Runge
Barkhausenstraße 34
26465 Langeoog
04972 990344
www.hofgoldschmiede-am-meer.de

DER GIN DES LEBENS

Langeooger Kaffeerösterei

»Noch eine Kaltschale?«, fragt Horst Schmidt seine Gäste und serviert, wie gewünscht, ein Bier. Dem Langeooger mit USA-Erfahrung sitzt der Schalk im Nacken. Das macht ihn zu einem Original auf der Insel. Wo sonst wird der Weg zur Toilette mit »Getränke-Rückgabe« ausgeschildert? Sätze wie »nach mir die Gin-Flut« rutschen ihm heraus, wobei das schon das große Thema ist. Horst hat nicht nur 40 sortenreine Hochlandkaffees zu bieten, er stellt auch den »Black Island Gin« her. Die verschiedenen Aromen sind durchnummeriert. Das Besondere: Jeder kann im Laden zusehen, wie der Gin entsteht. Der Weingeist und die Kräuter sind in einem bernsteinfarbenen Sud in einer Glasblase zu sehen. Der Gin reift in einem langsamen Prozess von etwa 37 Tagen, denn er wird nicht gebrannt. Kaltmazeration nennt sich das Verfahren, das Horst bei seinem Freund Tom in Texas kennengelernt hat. Der Langeooger hat sich schulen lassen, und nun heißen seine (flüssigen) Vorlieben für die Insel: Kaffee und Gin.

Eigens ein Heftchen hat Horst dazu erstellt. Darin lässt sich nicht nur der passende Gin für jeden Anlass finden, sondern auch der jeweilige Zuträger. Mit welchem Gin harmonieren Eis, Tonic, Sekt oder Zitronensprudel am besten? »Ich experimentiere gern, gerade bin ich mit Quitte und Erdbeere unterwegs«, verrät der Gin-Meister, der ständig an neuen Sorten arbeitet. Sehr zur Freude seiner Kunden lässt er sie probieren, nimmt Tipps an und hat so ein beachtliches Sortiment geschaffen. Das ist vorn im Laden schnell zu überblicken.

Da kommt sein Kumpel Klaus herein. Horst lächelt ihn an und wendet sich einem anderen Gast zu, dem er stolz erzählt: »Schau, Klaus ist Maurer, seit er Gin trinkt, kann er auch kochen.« Der Gast schmunzelt. Es sind eben diese kleinen Lebenswendungen, die Horst mitserviert.

Die Kunst des Goldschmiedens will gelernt sein, was auf der Insel bei einem Kurs ganz leicht beginnen kann.

53

Wasserturm
An der Kaapdüne
26465 Langeoog

Haus der Insel
Kurstraße 1
26465 Langeoog
04972 6930

RUNDUM SCHÖN

Wasserturm

Neulinge halten das Langeooger Wahrzeichen vielleicht für einen Leuchtturm, andere erinnert es an eine übergroße Espressokanne. Wahr ist: Der 1909 erbaute Wasserturm verbesserte die Versorgung mit Trinkwasser auf der Insel schlagartig. Nun war Druck in den neu verlegten Leitungen. Damals reisten immer mehr Gäste an, der Bedarf an kühlem Nass stieg. Bis 1983 tat der Trinkwasserspeicher seine Pflicht, seitdem erfreut er von seiner 33 Meter über dem Meeresspiegel liegenden Plattform alle Aufsteiger mit einem Panoramablick. Und der kann sich wirklich sehen lassen. Er liefert eine Rundumsicht vom Ort über den Strand, auf die vielen Pads bis zum Flinthörn im Süden oder den Heerenhusdünen im Norden. Segler, Jogger und Spaziergänger sind ebenfalls gut zu betrachten. Das bunte Treiben in der Hauptstraße offenbart sich. Die Vielzahl der Fahrräder – 17.000 sollen auf der Insel im Verkehr sein – schwappt wellenartig durch die Gassen. Wobei einige Straßen für gewisse Stunden am Tag für Räder gesperrt sind.

Drinnen informiert eine Ausstellung über 100 Jahre Wasserversorgung auf Langeoog. Ein Schild zeigt an, dass der Stützbodenbehälter mit sechs Metern Durchmesser, befüllt mit Trinkwasser, mehr als 111 Tonnen wog. Heute liegt der Verbrauch der Insel bei rund 350.000 Kubikmetern Wasser im Jahr. Zum Glück hat Langeoog eine natürliche Süßwasserlinse, in der sich das Regenwasser im Erdboden sammelt und von dort gefördert wird.

Der Wasserturm ist sogar im Logo der Insel wiederzuerkennen, im Wappen allerdings nicht. Das ist außen am Wasserturm angebracht. Zu sehen sind weiße Wellen, zwei rote venezianische Segel sowie drei Möwen. Das passt ja auch ganz gut zur Insel. Bevor das Wappen seit 1946 für die Insel stand, war es ab 1908 Erkennungszeichen des Turn- und Sportvereins.

Die Lese-Lounge im *Haus der Insel* bietet aktuelle Tageszeitungen zum Lesen und Bücher zur Ausleihe.

54

Bunte Buden
Kavalierpad 12–18
26465 Langeoog

Kramps Koopladen
Hauptstraße 23
26465 Langeoog
04972 6827983
https://krampskoopladen.business.site

ENDLICH MAL RICHTIG FARBE!

Bunte Buden

Schweden? Helgoland? Wo hat man ähnliche Häuser, jeweils in einer kräftigen Farbe bemalt, schon einmal gesehen? Die Meinungen gehen auseinander. Sicher ist: Sie sind schnell zu einer neuen Attraktion für Langeoog geworden. Die 14 Bunten Buden stehen am Weg zum Hauptbad II, haben Scheingiebel (also nichts dahinter) und beherbergen recht viel von dem, was auf der Insel gebraucht wird. Darin können Gäste zum Beispiel Tapas verspeisen, selbst Bernsteine schleifen oder einen Vermietungsservice für Ferienwohnungen in Anspruch nehmen. Grüne Döner werden verkauft oder Meeresalgen und Meersalz. Vor einigen der Buden lässt es sich im Sommer prima draußen sitzen. Die beiden Häuserreihen bilden einen rechten Winkel. Das lässt das Areal größer wirken. Rot dominiert bei den Farben, auch gelb und grün sind zu finden sowie Blautöne. Es ist eine bunte Reihe.

Der Investor, ein gelernter Maurer, hat hier kräftig in die Tasche gegriffen, um diese Bunten Buden, wie sie jetzt fast jeder nennt, zu bauen. Er erinnert sich, dass seine Pläne anfänglich höchst skeptisch verfolgt wurden auf der Insel. Auch im Gemeinderat gab es Widerstand. Doch auf einmal ging alles ganz schnell und er konnte loslegen. Da der Investor auch Gästeführer ist und geführte Radtouren anbietet, hat er von den Besuchern aus erster Hand erfahren, wie sie sich voller Freude an diesen Häusern aufhalten. Es sei ein großer Gewinn für die Insel, bekräftigen sie übereinstimmend. Einen besonders guten Blick auf die eine Fassadenreihe eröffnet sich oben vom Wasserturm aus. Auch das wissen die (Stamm-)Gäste zu schätzen – neue Bauten auf der altbekannten Insel sind ein Hingucker. Und diese schmeicheln sogar den Augen.

Kramps Koopladen hat statt Plastiktüten nun Baumwolltaschen und Beutel aus Maisstärke. Die sind sogar als Rucksack zu gebrauchen. Langeoog ist die erste deutsche Fairtrade-Insel.

55

Bade- und Burgenstrand
Westlich der Kapdünen ist er über Kirchpad, Westerpad, Warmbadweg und Höhenpromenade zu erreichen.
26465 Langeoog
www.langeoog.de

VOM ALLERFEINSTEN

Bade- und Burgenstrand

Insgesamt 14 Kilometer Strand hat Langeoog zu bieten. Aber nicht die Länge macht die Besonderheit dieses Strandes aus. Es ist die hohe Qualität des Sandes, es sind die verschiedenen Abschnitte wie Bade- und Burgenstrand, Surfstrand oder Jugend-, Hunde- und Drachenstrand. Es sind die Miniwellen dank einer vorgelagerten Sandbank einerseits, weiter draußen ist andererseits auch die Brandung zu erleben. Ganz einfach: Für jede Freizeitgestaltung am Meer findet sich hier auf Anhieb das Passende.

So reiten die einen vergnügt an den auslaufenden Wellen entlang. Die nächsten gehen surfen, andere sind tief im Burgenbau engagiert. Dann wieder setzt sich eine junge Mutter entspannt in den Strandkorb und parkt ihren Kinderwagen in Hörweite.

Überhaupt haben Kinder ihren Spaß. Sie genießen zudem den Vorteil, hier anständig Sport treiben zu können. Langeoog ist dafür bekannt, das Sportabzeichen anzubieten. Dafür muss natürlich geübt werden. Weitsprung am Sportpalast auf dem Strand ist natürlich etwas Besonderes. Kugelstoßen im Sand oder andere Disziplinen lassen sich sehr schön mit dem Urlaubsgefühl verknüpfen.

Für viele Besucher ist es nach diesem Schema abgelaufen: Sie kamen mit den Eltern als Kind erstmals nach Langeoog und waren am Strand fröhlich. Dann vielleicht ein zweites oder drittes Mal. Später erinnern sich manche an diese Strandsommer und kommen mit der Freundin oder dem Freund wieder. Nach einigen Jahren rückt schließlich die eigene Familie an (manchmal sogar mit den Eltern, die nun schon etwas in die Jahre gekommen sind). So begleitet die Insel ihre Gäste oft ein Leben lang, dem Strand sei Dank. Wobei das nicht ganz stimmt: Auch die Angebote des Ortes, die unverändert frische Luft, die Lokale und Läden, die Originale von Insulanern sowie dieses Gefühl der Vertrautheit – all das macht Langeoog einzigartig. Es ist halt die Familieninsel.

Dünensingen im Dünental zwischen Wasserturm und Hauptbad zu Akkordeonmusik ist beliebt. Dank des Langeooger Liederbuchs kann jeder mitsingen.

56

Kopie der Zeichnung
Stalingrad-Madonna

Dünenfriedhof
Gerk sin Spoor
26465 Langeoog

»Licht, Leben, Liebe«

Dünenfriedhof

Der Dünenfriedhof wird meistens wegen des Grabes von Lale Andersen besucht. Sie lebte im Haus »Sonnenhof«, das in der Nähe steht. 1972 starb die weltberühmte Chanson-Sängerin. Zudem sind hier Gedenkstätten für auf Langeoog gestorbene Baltendeutsche und sowjetische Kriegsgefangene. Besonders ins Auge fällt eine Kopie der *Stalingrad-Madonna*. Es ist ein besonderes Objekt, das leicht übersehen wird. Das Original ist seit 1983 in der Berliner Kaiser-Wilhelm-Gedächtniskirche zu betrachten. Viele Reproduktionen des Bildes, auch als Skulpturen, sind weltweit verstreut, etwa in der Kathedrale von Wolgograd oder der Kathedrale von Coventry in England.

Diese Madonna ist ein Friedenssymbol, eine Mahnung gegen Krieg. Geschaffen hat sie der evangelische Pastor, Lazarett-Oberarzt und bildende Künstler Kurt Reuber zum Weihnachtsfest 1942. Damals operierte Reuber Tag und Nacht verletzte Soldaten im Kessel von Stalingrad. Die Lage war für die deutsche Seite im Krieg gegen Russland aussichtslos, die Männer litten Kälte und Hunger. Da entdeckte Reuber in einem Unterstand eine russische Landkarte. Er begann auf deren Rückseite mit Kohle zu zeichnen und eine sitzende Frau entstand. Sie neigt ihren Kopf unter dem schützenden Mantel zu einem kleinen Kind, hält es fest, wärmt es liebevoll. Es ist eine äußerst anrührende Szene. »Licht, Leben, Liebe«, schrieb Reuber unter anderem dazu. Das 105 mal 80 Zentimeter große Original wurde in einen Bunker gehängt. Viele Soldaten beteten beim Anblick der Madonna.

Das Bild blieb erhalten, weil ein verwundeter Offizier es auf den letzten Flug einer Transportmaschine aus dem Kessel mitnahm. Ebenfalls an Bord waren ein Selbstbildnis Reubers und 150 weitere Porträts, die er gemalt hatte. Die Werke gelangten zu Reubers Familie in Nordhessen. Reuber starb im Januar 1944 in einem russischen Gefangenenlager.

Jürgen Baron von Schilling, Ehrenbürger von Langeoog, gestaltete den Dünenfriedhof ab 1960 maßgeblich. Er wirkte auch am Bau der Friedhofskapelle mit. Gedenktafeln erinnern an ihn.

57

Hochlandrinder
Zwischen Pirolatal und Schloppteich
26465 Langeoog
www.hochlandrinder-von-der-inselwiese.de

Seekrug
Höhenpromenade 1
26465 Langeoog
04972 383
www.seekrug.de

Lange Mähnen und Gelassenheit

Hochlandrinder zwischen Pirolatal und Schloppteich

Meist fällt der Blick zur Grasnarbe. Fressen und wiederkäuen sind das Tagwerk dieser Vierbeiner. Für die goldbraunen und schwarzen Hochlandrinder auf den Weiden zwischen dem Pirolatal im Norden, den Heerenhusdünen und dem Schloppteich im Osten kann schon ein leichter Wind die Sicht versperren. Dann fällt die lange Stirnmähne wie ein Vorhang vor die Augen. Gelassenheit scheint zur Grundausstattung dieser Tiere zu gehören, genauso wie fettarmes Fleisch mit wenig Cholesterin. Bauer Heiko Arends züchtet die wetterfesten Vierbeiner schon recht lange auf Langeoog. Ihr Naturpelz gibt ihnen selbst bei Schnee, der dann darauf liegenbleibt, einen Dauerschutz gegen Nässe und Kälte. Die Kühe kalben draußen, auch bei 20 Grad minus.

Begehrt ist das Fleisch. Es wird auf der Insel serviert und ist bei Köchen und Gourmets allgemein sehr begehrt. Die kräuterreichen Wiesen, die frische Luft, die natürliche Lebensweise – all das trägt zum Wohlgeschmack bei. Doch für alle Vorbeiradler ist allein der Anblick dieser Herde ein Genuss. Es ist das Bild einer urtümlichen Landschaft, das plötzlich entsteht. Es ist der pulssenkende Effekt, diese gemütlichen Tiere zu beobachten, wie sie grasen, aufschauen und wieder grasen. Die trockene Krähenbeerheide im Pirolatal mag schön sein, aber dieser Anblick ist unübertroffen. Er trägt zum Langeooger Wohlfühlensemble maßgeblich bei.

Dabei ist das Pirolatal in großer Gefahr. Immer wieder werden die Schutzdünen im Norden verstärkt, damit das Tal nicht überflutet. Denn die hier liegende unterirdische Süßwasserlinse im Untergrund ist die Quelle für Trinkwasser auf der Insel. Sickert von oben Salzwasser ein, ist die Versorgung mit frischem Wasser für lange Zeit dahin.

Regionale Produkte wie Fleisch vom Hochlandrind landen auf den Tischen der Langeooger Lokale immer häufiger. Zu empfehlen ist das (Bio-)Restaurant Seekrug.

58

Weiden am Schniederdamm
To'n Peerstall
Schniederdamm 8
26465 Langeoog
0171 3333004
www.abolengo-alpaka.de

Aktuelles über Langeoog:
www.Langeoognews.de

GANZ SCHÖN KUSCHELIG

Weiden am Schniederdamm

Sind diese Tiere mit dem langen Hals von dieser Welt? Wenn sich Radfahrer Richtung Ostende aufmachen und an den Weiden mit den Alpakas vorbeikommen, bleiben viele stehen. Diese flauschigen Vierbeiner sind wunderbar zu beobachten. Aus jeder Richtung sind sie ein schönes Fotomotiv. Sie schauen neugierig umher und sind sanftmütig. Nichts scheint sie aus der Ruhe zu bringen. Das überträgt sich leicht auf den Menschen. Die Eigentümerin der Tiere ist die Zuchtfirma Abolengo de Alpaca im Münsterland. Dort sind sogar Kurse im Angebot. Es gibt zweistündige Schnupperkurse mit den Alpakas und ein Paar Socken von deren Wolle gleich dazu. Selbst Kindergeburtstage lassen sich im Münsterland in Anwesenheit der Tiere feiern, was sicher ein bleibendes Erlebnis ist. Genauso wie Trekking und Yoga wird all das bisher nur am Hauptsitz im Münsterland angeboten, nicht auf der Insel. Doch in der Nähe vom »To'n Peerstall« am Schniederdamm sind die Alpakaprodukte wie Schals, Mützen, Handschuhe und vieles mehr zum Verkauf ausgestellt.

Seit 2004 züchtet die Besitzerfamilie die ursprünglich aus den südamerikanischen Anden stammenden Tiere. 70 bis 90 Alpakas gehören sozusagen zur Großfamilie im Münsterland. Ein paar weitere leben seit Mai 2016 auf Langeoog.

Die meisten der domestizierten Kamele haben ihr Zuhause in Peru. Dort soll es etwa 3,5 Millionen von ihnen geben. Sie fühlen sich in Gruppen am wohlsten. Einmal im Jahr werden sie geschoren, aus der Wolle entsteht das wertvolle Garn. Viele werden die Ähnlichkeit (der Alpakas) mit den etwas größeren Lamas erkennen und tatsächlich sind sie miteinander verwandt. Gemeinsamer Urahn soll das Guanako gewesen sein. Es lebt wild in den Anden. Während die Lamas schon immer als Lastentiere dienten, sind die Alpakas wegen ihrer Wolle gefragt. Der Anblick jedenfalls ist für Langeoog-Gäste eine echte Überraschung.

Inselschnack sowie alle wichtigen Informationen und Neuigkeiten über die Insel liefert die Redaktion von Langeoog News – gedruckt und online.

59

Ostende Meierei
26465 Langeoog
04972 248
www.falke-meierei.de

DICKMILCH MIT SANDDORN – LECKER

Ostende Meierei

Viele kommen mit der Kutsche, andere mit dem Drahtesel, einige wandern bis zum Ostende. Es ist das Ausflugslokal auf Langeoog. Die Meierei bietet innen und außen Platz für die Gäste. Die Spezialität des Hauses ist Sanddorn. Im Herbst werden die Beeren hier in der Nähe geerntet. Bis zu sechs Meter hoch werden die Ölweidengewächse. Sanddorn enthält viele wichtige Vitamine, Stoffwechsel, Sehkraft und Immunsystem werden gestärkt. Wer die Sanddorntorte schon probiert hat, nimmt sich gern einen Likör. An kühleren Tagen greift man eher zu einem Grog oder probiert die anderen Speisen auf der Karte.

Die Meierei erhielt ihren Namen vom Domänenverwalter, der 1895 auf den Hof zog. Für das Inselhospiz des Klosters Loccum wurden hier Milch, Butter, Käse, Fleisch, Getreide sowie Eier und Gemüse produziert. Bis 1953 die Domäne aufgelöst wurde, lief die Land- und Viehwirtschaft. Die Meierei aber blieb bestehen. Schon 1768 hatte sie das Recht erhalten, eine Krugwirtschaft zu führen. Die Gastronomieangebote sind bodenständig und lecker.

Viele kommen allein wegen der selbstgemachten Dickmilch mit Zucker, Zimtzucker oder Sanddornsaft, dazu gibt es Schwarzbrot. Dieses Gericht erinnert etwas an alte (Not-)Zeiten, schmeckt den meisten aber fabelhaft. Ein frischer Ostfriesentee mit Kluntje und Sahne wird gern bestellt. Auch Herzhaftes wie Matjes, Schinken oder heiße Würstchen wartet auf hungrige Gäste.

Der Besuch lohnt sich zu jeder Jahreszeit. Gerade im Herbst und Winter – geschlossen ist meist nur nach Weihnachten bis Mitte Januar – offenbart die Landschaft ihre Schönheit. Laub, Schnee oder Eiskristalle setzen herrliche Tupfer ins Ostende. Im Frühjahr und Sommer blüht es hier so vielfarbig, dazu verströmen Pflanzen ihren Duft, und die Wolken tanzen am Himmel. Der Familienausflug in den Osten ist dann für die meisten ein Muss, egal mit welchem Verkehrsmittel.

Wer das Idyll am Ostende länger genießen möchte, kann sich in eine Ferienwohnung der Meierei einmieten.

60

Vogelwärterhäuschen
Willrath-Dreesen-Straße /
Weg zur Meierei
26465 Langeoog
www.nationalpark-
wattenmeer.de

BASISWISSEN LANGEOOGER LEBEN

Vogelwärterhäuschen

Das alte hatte 50 Jahre gehalten. Seit 2015 kann sich die Insel über das neue Vogelwärterhäuschen freuen, das sich auf dem Weg zur Meierei am Ostende befindet. Es sind rund sechs Kilometer vom Ort bis hierher. Zunächst geht es hinauf zur Aussichtsdüne hinter dem Haus. Von dort fällt der Blick nach Norden auf das große Dünental Dreebargen. Dann folgen nach Norden Grau- und Braundünen, weiter davor die Weißdünen, die Platen und der Strand mit der Nordsee. Die Lebensräume verschiedenster Tier- und Pflanzenarten lassen sich gut übersehen. Richtung Süden breiten sich hinter einem Ententeich die Salzwiesen aus sowie dahinter das Watt mit Prielen und Rinnen.

Innen im Vogelwärterhäuschen lässt sich sehr viel über genau dieses Wattenmeer erfahren. Der Lebensraum wird sehr anschaulich dargestellt. So erfährt der Gast, dass er bei einer Wattwanderung schon mit den Füßen die bräunlich-glitschigen Mikroalgen ertasten kann, die den Wattboden bevölkern. Die Einzeller produzieren kleine Sauerstoffblasen im Wasser. Herzmuscheln graben sich mit ihrem muskulösen Fuß ein; Miesmuscheln bleiben an der Wattoberfläche. Ein Film zeigt, wie Schweinswale in der Nordsee leben. Aus den Schubladen der Vitrinen lässt sich ebenfalls etwas Wissen herausziehen. Der Hit sind die jeweils in einer Szene aus Miniaturen dargestellten Themen in der Mitte des Raumes. Inselschutz, Strandleben oder Brutflächen und Dünentäler erfahren hier eine Würdigung, die den Betrachter in seinen Bann zieht. Es sind die vielen Details, die überzeugen. Das Vogelwärterhaus ist ein lohnender Anziehungspunkt für die ganze Familie, denn alle werden auf ihre Kosten kommen. Und das sogar kostenlos. Es ist die Basisstation, um die Urlaubsinsel tiefer zu verstehen und all ihre Bewohner kennenzulernen.

Die nahe Melkhorndüne war einst die höchste Erhebung Ostfrieslands, ist wegen der Windabtragung jetzt nur noch 19,5 Meter hoch. Einen Besuch ist sie trotzdem wert.

61

Wäldchen
Zwischen Hafen und Ort
26465 Langeoog

Naturpfad Osterhook
Startpunkt:
Ostende Meierei
26465 Langeoog

SCHATTIGES LABYRINTH MIT REHEN

Wäldchen

Waldbaden ist heute modern. Das ist Gesundatmen im Wald, der als Mittel gegen Stress, Angst und Wut fungiert. Die Immunabwehr steigt, der Puls geht herunter. Auf Langeoog geht das bestens. Wo einst Flugzeuge starten und landen sollten, fahren heute Radfahrer oder Spaziergänger schlendern durch ein schattiges Idyll. Das Wäldchen entstand nach dem Ende des Zweiten Weltkriegs, nachdem Bomben der Alliierten das Rollfeld zerstört hatten und dort Bäume gepflanzt wurden. In Betrieb war dieser Flughafen allerdings nie.

1937 war ein 150 Hektar großes Gelände im Südwesten Langeoogs durch Landgewinnung entstanden. Dort wurden Sand und Schlick aufgespült, um einen Flughafen zu bauen, ein ehrgeiziges Projekt der Nazis. Zwei Siedlungen wurden für die Luftwaffenangehörigen gebaut, Zwangsarbeiter eingesetzt.

Wer heute durch das Wäldchen spaziert, kann an einigen, versteckten Stellen noch Reste von Bitumen sehen. Das sind ein paar Überbleibsel des Rollfeldes. Ansonsten erinnert nichts mehr an die Anfänge des Flughafens. Herrliche Wege ziehen sich inzwischen kreuz und quer durch das Grün, ein Paradies für Fußgänger. Auch die Tierwelt hat sich hier entwickelt. 1958 wurde ein Rehbock mit zwei Ricken ausgesetzt. Bis auf 120 Tiere soll sich die Zahl der Rehe bis heute vergrößert haben. Feldhasen sind noch häufiger auf der Insel vertreten. Fasane und Turmfalken lassen sich ebenfalls manchmal blicken.

Ein Radweg vom Ort zum Hafen führt quer durchs Wäldchen. Ein anderer führt vom Hafen südlich und westlich daran vorbei. Am schönsten ist der Rundweg durchs Wäldchen. Zur Rast bei all der Fitness stehen Bänke bereit, die Vögel singen ihr Lied dazu. Es ist einer der schönsten Wälder auf den sieben Inseln.

Der Naturpfad Osterhook mit der Infohütte zur Tier- und Pflanzenwelt ganz im Osten der Insel ist einen längeren Spaziergang wert.

62

Flinthörnpad
Startpunkt: Auf dem Deich
Der Straße Am Wald am südwestlichen Ortsrand nach Süden folgen, bis rechts der Flinthörndeich abzweigt.
26465 Langeoog
www.langeoog.de

Güntzels Kunstobjekt
www.swaantje-guentzel.de

BLICK IN SCHLAF- UND ESSZIMMER

Flinthörnpad

Das Flinthörn bildet die Spitze der Langeooger Südwestnase. Es liegt in der Schutzzone eins, der Ruhezone des Wattenmeeres. Daher darf der Naturerlebnispfad nicht verlassen werden. In etwa einer Stunde sind die drei Kilometer zu schaffen. Es ist ein meist sandiger Weg, der an der Infotafel am Flinthörnpad auf dem Deich beginnt und zu einer Beobachtungsplattform führt. Flint bedeutet übrigens Feuerstein. Der wurde einst angespült. Es empfiehlt sich, das eigene Fernglas mitzunehmen. Zwar wartet auch am Ende des Weges ein Fernrohr, aber was an Vögeln und Seehunden zu sehen ist, überwältigt meist die Betrachter. Sie wollen immerzu in Himmel und Meer blicken, auch dort, wo kein Fernrohr installiert ist. Zahlreiche Watt- und Wasservögel leben hier. Zu den seltenen Arten gehören der Seeregenpfeifer und die Zwergseeschwalbe. Beide genießen in dieser ausgewiesenen Ruhezone ihren Rückzugsraum.

Dann geht es in einem Bogen zum Strand und anschließend weiter entlang wieder Richtung Norden bis zum nächsten Dünenübergang. Von dort sind es nur 200 Meter südlich und man ist schon wieder am Startpunkt. Alles ist vorbildlich ausgeschildert. So bleiben die meisten Besucher auf dem Pad und lassen den Vögeln ihre Brut- und Rastgebiete. Schließlich latscht ja auch niemand durch fremde Schlaf-, Ess- und Kinderzimmer. Silbermöwen, Pfuhlschnepfen, Austernfischer, Alpenstrandläufer und Sanderlinge wissen diesen Respekt zu schätzen.

Am Strand liegt ein altes Aststück. Solches Strandgut gehört zu einer Flinthörnrunde dazu. Es hat schon einige Zeit im Salzwasser verbracht und zerfällt irgendwann. Schlimmer ist allerdings Plastik. Davon wird fast bei jeder Flut etwas an Land zurückgelassen. Die Kurverwaltung ist sehr darum bemüht, diesen Unrat zu beseitigen. Jeder kann dabei mithelfen: Einfach einsammeln und in Müllboxen verstauen.

Als einmal Tausende Überraschungseier in Langeoog anspülten, verarbeitete die Hamburger Künstlerin Swaantje Güntzel das Strandgut mit einem chinesischen Kollegen zu einem Kunstobjekt.

63

Hafen
Hafendeichstraße
26465 Langeoog

Informationen zur
LangeoogCard
Tourismus-Service Langeoog
Hauptstraße 28
26465 Langeoog
04972 693266
www.langeoog.de

Sieben Minuten zum Abschied

Vom Hafen zum Inselbahnhof

Die Fähre fährt fast bei jedem Wetter. Jedenfalls ist sie von den Gezeiten unabhängig unterwegs, seit es den Hafenausbau gibt. Das war 1976. Vom Hafen zum Ort sind es etwa 2,5 Kilometer, eine ordentliche Strecke zu Fuß. Daher pendelt zwischen Hafen und Bahnhof im Ort die Inselbahn mit ihren knallig bemalten Waggons. So schön die Hinfahrt ist, so schwer fällt den meisten die Rückfahrt. Es bleiben immerhin sieben Minuten Zeit zur Besinnung, zum Abschiednehmen und Freuen auf die Fährfahrt.

Schon seit 1901 gibt es diese Verbindung, allerdings damals als Pferdebahn, wie es heute nur noch auf Spiekeroog eine gibt. Die Strecke war 3,5 Kilometer lang. 1937 ersetzte man die Pferde durch eine Lokomotive, die zum neuen Bahnhof am Ortsrand fuhr. Ein Neubau an derselben Stelle steht seit 1996. Viele Gäste, die hier aus dem Zug steigen, schlendern nun zu Fuß über die Hauptstraße und feiern ihr Ankommen. Immerhin stehen nun Entspannung, Sport, Wellness und Genießen im Vordergrund. Einmal im Ort eingetroffen, geht es zu den einzelnen Unterkünften.

Umgekehrt steht der Abschied schon für viele am Bahnhof bevor. Dort winken Freunde, Bekannte und Vermieter das Farewell. »Bis zum nächsten Mal«, heißt es dann. Das kann im Grunde nicht lange dauern. Langeoog lebt von seinen Stammgästen. Doch nun beginnt diese kurze Zugreise, diese sieben Minuten Eingleisigkeit. Da scherzen einige im Waggon, andere blicken stumm zum Fenster hinaus. Wieder andere erzählen sich aufgeregt von ihren Erlebnissen am Strand, in den Dünen, am Flinthörn oder Osterhook. Dieses freudige Palaver vereint alle. Dann ruckt es kurz, der Zug steht an der Fähre. Mit der geht es zurück nach Bensersiel. Wieder ein Urlaub ist vorbei. Doch diese kleine Zugreise dient als Puffer zum Alltag – sehr angenehm.

Mit der LangeoogCard lassen sich Fähre, Gästebeitrag, Strandkorb und Gepäckbeförderung nach Hause begleichen. Es gibt auch Frühbucherrabatt.

64

Hafen
26474 Spiekeroog
Wüppspoor 4
www.spiekeroog.de

Circus Tausendtraum
Kurpark
26474 Spiekeroog
0177 5142811
www.tausendtraum.de

JETZT ABER MAL GANZ LANGSAM

Bollerwagen am Hafen

Sie sind das ideale Reisemittel auf der Insel: Bollerwagen. Spiekeroog schaltet sozusagen einen Gang herunter. Selbst mit dem Fahrrad geht es oft zu schnell, obwohl es auf der Insel zu finden ist. Für Gäste gibt es keinen Verleih. Das Straßennetz ist schlicht nicht darauf ausgelegt und die meisten Entfernungen sind eh ziemlich klein. Der Ortskern ist ohnehin tabu für Zweiräder, ebenso der Weg zum Strand. Die Urlauber suchen ihre Ruhe, und die soll nicht durch Geklingel gestört werden. Somit ist der Bollerwagen der typische Reisebegleiter auf Spiekeroog. Vier Räder, Holzaufbau und eine Deichsel – fertig. Wichtig ist die Beschriftung, denn sonst lassen sich oft nicht die passenden Vehikel wiederfinden. Es gibt einfach sehr viele. Und die parken häufig an denselben Stellen.

Bollerwagen sind schon bei der Ankunft am Hafen zu entdecken. Oft kann sich der Gast dort das passende Gefährt im Fuhrpark seines Vermieters aussuchen. Dann setzen sich die Kinder hinein, meist darf der Vater ziehen. Was für eine (Urlaubs-)Freude! Dem Namen Bollerwagen wird der vierrädrige Karren heute nicht mehr gerecht. Die Gummibereifung vermeidet das bollernde Geräusch, das einst die mit Eisen beschlagenen Holzräder verursachten. Für Literaturfreunde: In Bertolt Brechts Drama *Mutter Courage und ihre Kinder*, das im Dreißigjährigen Krieg spielt, ist der Handwagen der Mutter von zentraler Bedeutung. Doch hier ist er einfach wichtig für den Urlaubsablauf. Allerlei Kram passt hinein, ist auf einen Blick von oben zu erkennen und somit für den raschen Zugriff ideal verstaut. Inzwischen bringen Urlauber ihre faltbaren eigenen Modelle mit, was zu einem kleinen Schaulauf der gängigen Marken führt. Aber das unterstreicht nur den Siegeszug dieses Reisemittels. Einen Bollerwagenverleih gibt es natürlich auch: im *Haus des Gastes*.

Mitmachen und Zugucken – der Circus Tausendtraum gastiert im Sommer im Kurpark. Es gibt Spielfeste und Erzähltheater.

65

Rosengarten im Wüppspoor
Wüppspoor 1
26474 Spiekeroog

KLEINER RUHEPLATZ ZUM ANKOMMEN

Rosengarten im Wüppspoor

Jeder kommt daran vorbei, nur wenige sehen ihn. Der Rosengarten ist klein und quadratisch. Er liegt rechts des Weges, wenn der Gast vom Hafen naht und zum Süderloog möchte. Noch vor der Inselapotheke hinter einer Hecke ist dieses Kleinod angelegt. Was für eine Ankunft: Hier einige Minuten sitzen, die Augen schließen, den Duft wahrnehmen, die Luft atmen und sich bewusst machen – nun bin ich auf »meiner« Insel.

Dieser Rosengarten ist eine Art Drehkreuz. Ein Übergang zwischen zwei Orten und Zuständen – vom Hafen zum Ort, vom Ankommen zum Einleben. Das hübsch gepflegte Grün ist eine Augenweide. Mehrere Rosenarten sind zu erkennen. Auch andere Blumen und Pflanzen schmücken die Beete. Die Büste einer jungen Frau sticht hervor. Leider schaut sie etwas melancholisch drein. Vermutlich ist das die Pose, in der sie das Drehkreuz in der anderen Richtung genutzt hat – zum Abschied von Spiekeroog. Im Moment blickt sie eine verblühte Rose an. Auch das unterstreicht dieses Gefühl von Vergangenem. Das aber gehört wie das Ausatmen zum Dualismus des Lebens. Die Polarität macht unser Dasein aus, Gegensatzpaare wie Yin und Yang oder Adam und Eva sind uns bekannt. Hier befindet sich mitten im Eckigen eine kreisrunde Anpflanzung. In diesem kleinen Rosengarten ließe sich noch stundenlang philosophieren, doch nun ist es Zeit, sich ins Urlaubsgeschehen zu stürzen. Nach dem Ankommen folgt das Niederlassen. Zunächst geht es mit dem Gepäck und dem Bollerwagen zur Unterkunft. Freude kommt auf, sich hier für ein paar Tage oder Wochen einzurichten. Danach geht es vielleicht in ein Lokal. Welche gibt es, welche sind alt, welche vielleicht neu? Heute ist das Alte Inselhaus am Süderloog dran. Von dort aus ist jedenfalls der Rosengarten auch wieder zu sehen – wie schön!

Farbenprächtige Fasane sind an vielen Stellen auf der Insel zu sehen. Sie wurden um 1920 ausgesetzt und bereichern nun die Landschaft.

66

Altes Inselhaus
Süderloog 4
26474 Spiekeroog
04976 473
Geöffnet von März bis
Ende Oktober
www.altes-inselhaus.de

Gerüstet für die Sturmflut

Altes Inselhaus

Es ist sturmfest und erdverwachsen. Das Alte Inselhaus gehört zu den ältesten Friesenhäusern aller Ostfriesischen Inseln. Es wurde schon 1705 erbaut. Damals war die Angst vor den Fluten der Nordsee allgegenwärtig. Daher trägt das Haus ein Schwimmdach. Es kann nicht nur im Wasser treiben, sondern auch als (Rettungs-)Schiff dienen. Das robuste Dach ist mit dem restlichen Haus nur durch Zapfen verbunden und lässt sich daher verhältnismäßig schnell lösen. Die Bewohner könnten sich also bei Sturmflut ins Dachgebälk retten, die Spunde entfernen und sich mit dem Dach in den Wellen in Richtung Küste davontreiben lassen. Wie praktisch doch die Vorfahren dachten und handelten. Dieses Haus hat den Notfall nie erlebt. Überhaupt ist der Ortskern Spiekeroogs standorttreu. Bei den meisten anderen Inseln wanderten die Dörfer, weil sich das Land durch Wind und Flut über Jahrhunderte immer wieder nach Osten verlagerte. Hier ist alles am Platz geblieben, auch die alte Kirche von 1696. Es ist die älteste auf den sieben Inseln. Sie befindet sich ebenfalls im Süderloog nur ein paar Meter weiter und hat einen wunderschönen kleinen Friedhof mit altem Baumbestand als Umgebung. Auf diesen alten Ortskern ist Spiekeroog zu Recht stolz. Durch diese Straßen zu schlendern, ist ein ganz besonderes Gefühl. Geborgenheit und Ruhe schwingen mit.

Heute wird das Alte Inselhaus als Café und Restaurant genutzt. Das Innere ist urig eingerichtet. Was gibt es heute zu essen? Aal ist zu empfehlen. Roastbeef mit Bratkartoffeln zählt ebenfalls zu den gefragten Gerichten. Die Rote Grütze hat sich auch einen guten Ruf erworben. Im Garten befindet sich noch ein kleines Ferienhaus. Wer also etwas Geschichte schnuppern möchte, ist hier im Lokal zu einer Teetied sicher gut aufgehoben.

Zur Papierbootregatta im August schlägt die Stunde der Konstrukteure: Wessen Boot geht zuletzt unter? Ein großer Spaß!

67

Hotel zur Linde
Noorderloog 5
26474 Spiekeroog
04976 91940
www.hotelzurlinde.eu

Raue Schale, frisches Grün

Hotel zur Linde

Das Hotel existiert schon seit mehr als 160 Jahren, die Linde davor ist älter. Sie wurde vermutlich schon ums Jahr 1800 gepflanzt und gehört nun zu den großen alten Diven von Spiekeroog. Bäume sind auf den vom Sturm geplagten Inseln ohnehin sehr begehrt. Sie geben dem Boden und damit der Insel Halt. Sie spenden Schatten. So auch diese alte Linde im Noorderloog.

Sich diesen Baum näher anzuschauen, ist ein Gewinn. Diese einmalige Rinde erinnert entfernt an eine Elefantenhaut. Sie zeigt Charakter, Festigkeit und Stärke. Die Äste sind kräftig und verzweigt. Die grünen Blätter ähneln hingetupften Flecken, fein farblich nuanciert wie in einem Landschaftsgemälde. So eine Dorflinde hat Tradition. Einst gehörte sie in fast jeder Gemeinde einfach dazu, denn unter ihr wurden Treffen aller Art verabredet. Sie reichen vom ersten Kuss bis zum Tanzfest im Mai, wenn die Linde blüht. Oft ergeben sich unter der Linde spontane Plaudereien. Fremde gehen aufeinander zu. Es ist ein Ort für zufällige Begegnungen. So war es kein Zufall, dass genau hier ein Hotel mit Restaurant entstand. Noch heute sitzen die Gäste gern unter der Linde, die Gemütlichkeit und Frieden ausstrahlt. Manche sagen, es sei ein ganz besonderer Ort, den von ihm ginge eine besondere Heilkraft aus.

Sicher ist, Linden liefern erstklassigen Honig, dienen als Tee zum Trinken und helfen als kühler Umschlag gegen Sonnenbrand. Aus den Samen der Linde lässt sich Öl pressen. Die Fasern werden zu Seilen und Matten verarbeitet. Doch vor allem ist es ihr Duft, der viele Menschen betört. Linden haben von jeher ihre Betrachter fasziniert. So geht es auch den Gästen hier. Und sicher ist: Dieser wunderbare Baum ist eine Persönlichkeit, die Spiekeroog auszeichnet.

Die Frühstücksbüfetts im Hotel-Restaurant sind der große Renner. Die Speisekarte bietet darüber hinaus weitere schmackhafte Angebote.

68

Bahnhof Pferdebahn
Westerloog 15
26474 Spiekeroog
0177 5120519
www.pferdebahn-spiekeroog.de

Kinderspielhaus Trockendock
Noorderpad 26
26474 Spiekeroog

ERSTER STOPP: DAMENPAD

Bahnhof Pferdebahn

Drei Pferde teilen sich den Job. Tamme, Henry und Otto sind gutmütige Tiere. Ihr jeweiliger Einsatz dauert 15 Minuten. Kutscher Christian Roll ist zufrieden, wenn die Bahn am anderen Ende angekommen ist. Dann gibt er dem Pferd Wasser und lobt es gegenüber den Umstehenden: »Das sind echte Sportler, die trinken nicht im Wettkampf, sondern erst danach.«

Deutschlands einzige Pferdebahn auf einer Insel ist die große Attraktion, besonders bei Kindern. Im Schritttempo geht die Reise vom Ort bis zum Westend. Die Strecke hat Tradition. Schon 1885 gab es diese Schienenverbindung zum damaligen Herrenbadestrand im Westen. Die Frauen stiegen übrigens weit vorher aus, damit sie über den Damenpad ihren Strand erreichten, der 500 Meter vor dem der Herren lag. Später ging es über die Strecke zum Warmbad, dem heutigen Old Laramie, dann zum Hafen ganz im Süden. Aber von 1949 bis 1981 war kein Pferd mehr im Einsatz. Eine Diesellok zog die Waggons zum Fähranleger. Der wurde schließlich aufgegeben, denn der neue Hafen dicht am Dorf war fertig. Doch für den Eisenbahnfreund Hans Roll aus Pforzheim sollte es weitergehen. Er beschaffte vom Stuttgarter Straßenbahnmuseum einen passenden Wagen, Baujahr 1886, und schon war dieses einmalige Zusammenspiel aus Pferd und Eisenbahn wieder im Einsatz.

Seit 1981 rollt der Pferdebahnwagen mit 16 Sitzplätzen also wieder. Die Gäste wissen es zu schätzen. Einige stehen zum Winken auf der Brücke über dem Deichtor nahe am Bahnhof, denn unter ihnen fährt gleich die Pferdebahn hindurch. Andere sind am Westend ganz angetan, dem Pferd über den Hals streichen zu dürfen. Spiekeroog hat ein tierisches Zugpferd, den drei Pferden sei Dank.

Kinder spielen gut und gern im *Trockendock*. Mit Tunnelrutsche, Bällebad, Strandraum und vielen Spiel- und Bastelangeboten ist das Kinderspielhaus der Hit – und das kostenlos.

69

Diekerschloot
Vom Hafen aus Richtung Ort auf dem Wüppspoor entlang, dann links auf die Deichpromenade. Richtung Süden liegt der Diekerschloot.
26474 Spiekeroog

DEM STRANDFLIEDER SEI DANK

Diekerschloot

Sanddorn und Strandhafer wachsen auf Spiekeroog. Das sind sehr typische Gewächse für die Insel. Am schönsten anzusehen ist aber der Strandflieder. Violett blüht er sich ins Herz der Betrachter. Nicht weit vom Hafen westlich an der Deichpromenade entlang fällt der Blick auf die weiten Salzwiesen. Von Strand kann hier nicht die Rede sein, aber dieses violette Meer ist auch ohne gelbe Sandtupfer zauberhaft. Nur am Horizont sind die Süderdünen am Zeltplatz zu erkennen. Im Juli wogt diese Fläche der Salzwiesen in violett, untermischt mit Grüntönen. Die robusten, bis zu 70 Zentimeter hohen Pflanzen vertragen Salzwasser.

Das Violett erinnert an Lavendel. Der allerdings hat einen betörenden Duft, den diese Pflanzen vermissen lassen. Doch der Strandflieder trägt auch ein Pseudonym: Meerlavendel. Insofern ist die Vorstellung, es hier mit einem großen, duftenden Lavendelfeld zu tun zu haben, ganz passend. Von diesem Flecken Erde auf die Strandfliederflächen zu schauen, ist sehr entspannend. Hier zu stehen oder zu sitzen und auf die Strandfliederflächen zu schauen, ist sehr entspannend. Dahinter zieht manchmal eine Fähre durchs Bild, die auf dem Weg zum Spiekerooger Hafen ist oder von dort kommt. Es ist diese ruhige Weite, die das Urlaubsgefühl untermalt. Hinter dem Diekerschloot, der in die Fahrrinne entwässert, liegen noch der sich verzweigende Mittel-, der Steen- sowie der Schillschloot. Ringsum befinden sich auch Brutgebiete der Vögel. Das Auf- und Abfliegen erzeugt in der Ferne eine Betriebsamkeit, die die Ruhe im Vordergrund hübsch kontrastiert. So ergibt sich beim Blick über die Salzwiesen vom Hafen aus ein Gesamtbild, das sich aus violetter und grüner Farbe, einem sanftblauen Himmel, einem gelben Dünensaum mit dunkelgrünen Büschen und dem Blau der Nordsee zusammensetzt, vorne ruhig, hinten betriebsam. Was für ein Ruhepol auf der Insel!

Wattwandern ist die ideale Ergänzung zur ruhigen Betrachtung von Salzwiesen. Es geht langsam voran, und der Wattführer hat immer eine prima Anekdote parat. Allein zu gehen, kann lebensgefährlich sein.

70

Kiosk am Zeltplatz
Palisadendiek 2
26474 Spiekeroog
www.zeltplatzkiosk-spiekeroog.de

Hannes Helmke:
www.hannes-helmke.de

Kult, Kaffee und Klönen

Kiosk am Zeltplatz

Gerade ist eine Lachmöwe auf dem Dach des roten Kiosks gelandet. Neben ihr flattert eine weiß-rote Fahne im Wind. Ein Gast fragt, zu welchem Land die gehöre. Lars, der Kioskbesitzer, antwortet knapp: »Nachbarland von dem, wo 2022 die Fußball-WM läuft, na?« Der Gast kommt nicht drauf. Lars hilft nach: »Katar ist das Land mit der WM, Bahrein das gesuchte Nachbarland mit der Fahne. Ganz einfach.« Es sind die kleinen Dinge, die diesem Kiosk tief im Südwesten Spiekeroogs Kultstatus verleihen. Das liegt an Lars, der das Bretterhaus 1993 übernahm. Bis dahin waren Tütensuppen, Bier, Schnaps und H-Milch angesagt. Lars hat das Sortiment kräftig durchgeschüttelt und vielfach auf bio, vegan und vegetarisch umgestellt. Das Publikum vom Zeltplatz nebenan ist dankbar dafür. Viele kaufen hier frisches Obst und Gemüse sowie frische Biobrötchen. Andere trinken ihr Bier vor der Tür und klönen. Es ist halt gemütlich. Die Boutique hat Taschen, Troyer und Shirts im Angebot. Der hauseigene Wattkieker-Verlag hat das Design für die Textilien, Souvenirs und Druckartikel entworfen. Die Ware ist auch an anderen Stellen auf der Insel zu bekommen. Manche nennen den Kiosk scherzhaft Kaufhaus des Westens.

Seit 1949 existiert der Zeltplatz, 1952 entstand davor der Kiosk. Die Fußbodenbretter im Verkaufsraum sind noch original. Der Laden lief, bis sich 1982 alles änderte: Der neue Hafen in Dorfnähe ging in Betrieb. Somit fuhr die Inselbahn nicht mehr, die bis dahin ihren ersten Stopp nach dem Fähranleger hier am Zeltplatz hatte. Doch der Kiosk konnte den Rückschlag verkraften.

Jedes Jahr von Mai bis Mitte September läuft die Saison – auf Hochtouren. Schon morgens kaufen einige Camper Brötchen, lassen sich im Kioskgarten nieder, frühstücken zum ausgeschenkten Kaffee oder Tee, haben das »my Müsli to go« geholt und sind fröhlich. Gelacht wird viel. Auch die Lachmöwen wissen das.

Dauergast am Kioskgarten ist *de Wattkieker*, eine dünne Skulptur des Kölner Bildhauers Hannes Helmke. Eine weitere steht in den nördlichen Dünen: *de Utkieker*.

71

Old Laramie
Westend 5
26474 Spiekeroog
04976 318

Reitschule
Klaus Petschat
Achter'd Diek 13
26474 Spiekeroog
04976 1401
www.reitschule-petschat.de

WANNENBÄDER ADE

Lokal *Old Laramie*

Die Zeit der Wannenbäder ist lange vorbei. Tatsächlich aber war das der Ursprung des Hauses um 1899. Die Gäste konnten sich hier im ersten Warmbad Spiekeroogs im geheizten Meerwasser entspannen. Später diente das Haus als Flughafengebäude. Nach dem Zweiten Weltkrieg wurde die Piste gesprengt. In den 1950er-Jahren wurde es zum Café *Old Laramie*. Wer sich heute im Biergarten niederlässt, erlebt herrliche Ungezwungenheit. Da steht ein Ledersofa, hier nimmt ein Paar in einer Sitznische in den Dünen Platz. Sperrmüll und Strandgut dienen vielfach als Grundlage für Möbel und Deko. Der Besitzer Dirk Nannen hat eine Schwäche für diese Fundstücke und vor allem ein Faible dafür, daraus das Passende zu zimmern. Kult sind auch die Kuchen, allen voran der Käsekuchen. Wer nicht rechtzeitig ordert, guckt auf den leeren Teller. Doch bald wird Dirk Nannen wieder einen neuen Kuchen backen, denn das ist schließlich Chefsache hier.

Abends steckt oft Musik drin. Es wird live gespielt oder ein DJ legt auf. Der Ort hat für alle etwas zu bieten, nicht zuletzt wegen der Surf- und Kiteschule. Das zieht die Aktiven an. Das Meer ist nicht weit, es liegt gleich hinter der Dünenkette im Westen.

Gerade kommen wieder neue Besucher vom Strand anspaziert. Dazu gesellen sich andere, die die zwei Kilometer vom Ort mit der Pferdebahn bewältigt haben. Es ist diese Mischung an Gästen – Jung und Alt, aus allen Teilen Deutschlands –, die das Flair von Old Laramie erzeugt. Und das jeden Tag neu. An Ostern beginnt die Saison. Dann schauen die Spiekeroog-Besucher gern nach, was Dirk Nannen den Winter über alles renoviert hat. Der Dünenwirt hat immer wieder lustige Ideen, die er gern umsetzt. So gibt es immer wieder Neues zu sehen und zu erzählen. Old Laramie lebt – und wie!

Ausreiten durch die Dünen zum Strand: Die Reitschule der Insel bietet ganzjährig Unterricht, auch für Anfänger.

72

Priel am Westend
Startpunkt: Westend 5
26474 Spiekeroog

Kurse buchen bei:
Ankerglück Yoga Spiekeroog
Süderloog 10
26474 Spiekeroog
0151 70167042
www.yoga-spiekeroog.de

IMMER SCHÖN IM GLEICHGEWICHT

Priel am Westend

Als wäre es nicht schon genug, an Land das Gleichgewicht zu halten. Nein, es muss auf einem kippeligen Board auf dem Meer sein, einem Stand-up-paddle-Board. Yoga darauf heißt SUP-Yoga. Das aufgeblasene »Brett« hängt an einem Seil, das fest verankert ist. So kann das Board nicht wegströmen. Die besten Voraussetzungen gibt es zwei Stunden vor Hochwasser. Auf die perfekte Welle sollte da niemand warten, besser, es ist ganz ruhig. Doch gerade darin liegt das Besondere: Das Gleichgewicht halten, wenn es wackelig wird, denn das bedeutet, die tieferen Muskeln zu aktivieren. Dazu kommt das Atmen, das im Yoga die Bewegungen bestimmt. Hier draußen auf dem Meer ist die Frischluft herrlich. So wird, wer es einmal zur Balance gebracht hat, dieser Ort schnell zu einem Lieblingsort. An ihm lässt sich Freiheit spüren und Hochgefühl einatmen.

Wer möchte, erhält einen Neoprenanzug. Dann wird der Reinfall in die Nordsee nicht zum kalten Vergnügen. Aber es geht im Sommer auch ohne eine wärmende Zusatzschicht. Spannend wird für Yogis, wenn sie auf dem schwimmenden Brett Asanas, also Körperübungen, versuchen, die sie auf der Matte locker beherrschen. Hier im »Clown« zu sein, den »Krieger zwei« zu halten oder gar in den Kopfstand zu gehen, ist schon eine Herausforderung. Ein Seitstütz oder die »Krähe« verlangen ebenfalls hohe Achtsamkeit und einen Fokus auf sich selbst.

Zum Schluss paddeln alle zur Sandbank, die vor dem Priel liegt. Wie schön! Neben all der Entspannung kommt beim SUP-Yoga der Spaßfaktor nicht zu kurz: Reinfallen, das ist bei leichtem Regen am schönsten. »Echt cool dann«, bestätigt eine Teilnehmerin. Von Mai bis Anfang September wird die Aktivität auf Spiekeroog hier im Priel nahe am Café Westend oder Old Laramie angeboten. Und wer ins Wasser fällt, dem ist es selten zu kalt. Glücklich strahlend kommen alle zum Strand zurück.

Barrierefrei an den Strand, dank der Strandmobile ist das möglich. So kann jeder selbst steuern und ist unabhängig. Buchen in der »Kogge«.

78

Kogge –
Haus des Gastes
Noorderpad 25
26474 Spiekeroog
04976 9193101
www.spiekeroog.de

Alles für Ohr und Auge

Jazz-Festival in der *Kogge*

Die Insel vibriert. Wer sich Ende März oder Anfang April auf Spiekeroog bewegt, hört Jazz. Hierfür muss er nicht einmal ein Ohr an den Boden halten, denn dann treffen sich internationale Stars und Ensembles zu fröhlichen Klängen dieser Musik. Auch Swing, Blues und Boogie-Woogie gehören dazu. Doch weil die Insel nicht irgendein Veranstaltungsort für Jazz ist, spielen die Auftrittsorte eine große Rolle für das musikalische Erlebnis.

Es geht los in der *Kogge*, dem *Haus des Gastes* und der Tourist-Information – alles unter einem Dach. Genau da läuft auch das Abschlusskonzert, der Jazz Utklang. Doch zuvor lockt das Jazz Dinner in der Inselrösterei und -bäckerei Backdeck. Klängen lauschen zwischen Kuchen und Brötchen, swingen bei Tee und Kaffee – was für ein wunderbarer Tagesanfang. Die neue evangelische Kirche lädt am Sonntag zum Gospelgottesdienst. Auch das trägt zur gelungenen Stimmung bei. Halleluja. Und im schicken Inselkino mit den roten Sitzen läuft ein Stummfilm, begleitet von fetziger Livemusik. Diese Kombination wird schnell zu einem Fest für Ohr und Auge. Höhepunkt aber ist eine lustige Seefahrt: Zum »Jazz im Watt« läuft an einem der Nachmittage in der Festivalzeit die *Spiekeroog IV* mit ihren Gästen und den Musikern an Bord aus und tuckert ein paar Stunden im seichten Wasser. Das zu erleben, ist ein Hochgefühl aus Unterhaltung, eine gelungene Mischung als Kultur und Natur. Da bringt Jazz sogar die Einsiedlerkrebse zum Swingen. Da lacht der Wattwurm. Da tanzt die Scholle.

Schon seit anderthalb Jahrzehnten geht das Jazzfestival über die Bühnen der Insel. Es ist jedes Jahr ein Genuss, denn Bekanntes wird durch Neues ergänzt. Musiker bringen frischen Swing. Alles klingt, alles vibriert.

Selbst mal in der Gruppe fröhliche Lieder anstimmen, das geht flott beim Dünensingen. Es ist kostenlos für Kurgäste und wird zu Pfingsten, im Sommer sowie Anfang Oktober angeboten.

74

Badestrand
Liegt nördlich des Dorfes und der Strandhalle, ist am besten über Strandpad oder Slurpad zu erreichen.
26474 Spiekeroog

InselBad & DünenSpa
Noorderpad 20
26474 Spiekeroog
04976 9193161

DAS VOLLE VERGNÜGEN

Badestrand

Feinkörnig, fast weiß und sehr weich – so ist der rund 15 Kilometer lange Strand auf der Insel zu erleben. Das volle Vergnügen! Da schaufeln sich Kinder ein paar Löcher in die selbst geschaffene Sandbank. Die Flut kommt und erobert sich immer mehr von der kleinen Insel. Andere haben sich auf den Bauch ins Flachwasser gelegt. Das ist besonders warm. Wo ein bisschen Platz ist, wird Federball gespielt. Nahe am Wasser haben einige ihre Halbzelte aufgespannt. Die grenzen etwas ab und spenden Schatten. Weiter hinten stehen die traditionellen Strandkörbe. Sie sind ein Ruhepol mit Ablagemöglichkeit – sowohl für die Füße als auch für kleine Strandutensilien.

Sicher ist es hier ohnehin, denn pro Saison sind etwa 50 Rettungsschwimmer der Deutschen Lebens-Rettungs-Gesellschaft (DLRG) im Einsatz. Sie richten ihre wachsamen Augen auf die Badenden. Im Notfall sind sie sofort da, doch den gab es bisher selten auf Spiekeroog. Meist folgen die Gäste den Baderegeln, wonach niemals nach Eintritt der Ebbe gebadet wird. Das ablaufende Wasser zieht selbst starke Schwimmer aufs Meer hinaus. Die vorgelagerten Sandbänke sind tabu für die Badenden. Und was die rote Flagge signalisiert, ist auch jedem klar: Badeverbot.

Dann lockt der Strandsport. Ob Beachvolleyball oder Beachsoccer, das kostenlos angebotene Sportprogramm der Kurverwaltung oder einfach Joggen am Strand – es ist die leichte Bewegung am Meeressaum, die gesund macht und Freude bereitet. Hunde sind hier von April bis Oktober nicht erlaubt, sonst schon, aber nur angeleint. Wer seinen Hund mal nicht an der Leine spazieren führen möchte, weicht dazu auf die Freilaufzone am Hundestrand aus. Er liegt etwas im Osten und hat einen separaten Zugang. Somit ist das Stranderlebnis für jeden garantiert.

Das *InselBad & DünenSpa* mit warmem Meerwasser ist die ideale Ergänzung und bietet auch Thalasso, Saunalandschaft sowie Wellnessträume. Spiekeroog ist seit 2015 anerkanntes Thalasso Nordseeheilbad.

75

Veranden im Noorderloog
Startpunkt: Spielplatz Arche Noah
Noorderloog 29
26474 Spiekeroog

Inselkino
Noorderpad 25
26474 Spiekeroog
www.spiekeroog.de

EIN TRAUM IN GRÜN-WEISS

Veranden im Noorderloog

Mit dem grünen Holz und den weißen Fenstern sind diese Anbauten typisch für die Häuser Spiekeroogs. Veranden dieser Art gibt es sonst selten auf den Inseln, dabei sind sie äußerst praktisch. Dort lässt es sich herrlich gemütlich und hell sitzen. Wer sehen will, wird sehen. Wer gesehen werden will, lässt die Gardinen weg. Die gibt es hier ohnehin kaum. Und die Scheiben sind fast immer klar geputzt. Manchmal umrahmen schattige Bäume den Anbau. Immer sind Gärten im Spiel. Sie verzieren die Veranda und unterstreichen sie als Schmuckstück des Hauses. Bei älteren Gebäuden wurden sie später vorgebaut, um mehr Wohnfläche zu erhalten. Bei den neueren werden sie gleich mitgeplant.

Im Noorderloog und den angrenzenden Straßen sind viele dieser für Spiekeroog typischen Veranden zu bewundern. Sie alle verbreiten ihren Charme. Jede hat ihren eigenen Charakter. In einem dieser Häuser wohnen während der Saison Lebensretter der Deutschen Lebens-Rettungs-Gesellschaft (DLRG). Von hier aus versehen sie ihre Einsätze an den Stränden als Rettungsschwimmer. Bevor aber Neugierige sich die Nasen von außen an den Scheiben plattdrücken, sei ihnen empfohlen, lieber zu klingeln. Die Einheimischen sind äußerst nett und lassen auch gern Fremde herein, um ihnen ihre Veranda von innen zu zeigen, jedenfalls, wenn gerade Zeit dazu ist. Aber die Urlauber genießen ja überwiegend die freie Einteilung ihres Tagesablaufs. So dürfte das kein Problem sein.

Meist sind es kleine Wohnstuben, in denen der Tee eingenommen wird. Kinder erledigen ihre Hausaufgaben. Hin und wieder gibt es einen gemütlichen Sessel für die Leseecke. In einigen Restaurants sind diese Veranden größer geraten, sodass die Gäste einmal in so einem hübschen Anbau angemessen sitzen und sich heimisch fühlen können.

Das Inselkino ist klimaneutral, wird mit Ökostrom und Nahwärme betrieben, bietet aber vor allem ein spannendes, aktuelles Programm.

76

Belegstation für Bienenköniginnen
Ende Friederikenweg / neben dem Reitplatz
26474 Spiekeroog
www.bienenzucht.de

LIEBESFLUG MIT DROHNEN

Belegstelle für Bienenköniginnen

Am Ende vom Friederikenweg Richtung Osten liegt versteckt im Wald ein großes Liebesnest: Bis zu 1.200 Königinnen pro Saison besuchen die Belegstelle auf Spiekeroog, um sich beim Hochzeitsflug begatten zu lassen. Dazu fliegen sie gen Himmel und treffen – vermutlich vom Geruch gesteuert – auf Tausende der Spiekerooger Drohnen. Mit 15 bis 20 von ihnen begattet sich die Königin in der Luft. Dann kann sie drei bis vier Jahre lang Eier legen. Der bei diesem Flug aufgenommene Samenvorrat reicht also fast ihr ganzes Leben lang. Bald nach der Paarung beginnt die Königin in ihrem Einwabenkästchen mit der Eiablage, und das können bis zu 2.000 Eier am Tag sein. Die Drohnen allerdings sterben schon, wenn sie sich von der Königin lösen, denn der sogenannte Begattungsapparat reißt ab. Glück und Trauer liegen bei diesen Liebesflügen dicht beieinander.

Bei den Imkern jedoch löst Spiekeroog schiere Freude aus. Sie kommen im Sommer aus ganz Deutschland sowie den Nachbarländern hierher. Sie haben ihre unbefruchteten Königinnen mit rund 200 Begleitbienen dabei und bleiben meist 14 Tage. Die Erfolgsquote ist recht hoch. Mindestens sieben von zehn Königinnen kehren begattet zurück, wie der Belegstellenbetreuer bei einer öffentlichen Führung durch die Station erläutert. Erstaunlich, wie gefragt die rund 20 Bienenvölker der Insel sind! Das liegt schlicht daran, dass die Bienenmännchen nicht übers Meer fliegen. Die Paarung lässt sich demnach gezielt mit den anwesenden Drohnen der Insel steuern. Es ist die reinste Reinzucht, die sich ein Imker wünschen kann. Was Bienen der Umwelt Gutes tun, wie ihr Staat funktioniert und welche Leistungen sie vollbringen, ist eindrucksvoll auf Tafeln erklärt. In einem Schaukasten lässt sich hinter einer Glasscheibe sogar ein Bienenvolk beobachten.

Den Spiekerooger Honig probieren, der Ende August/Anfang September aus den Waben geschleudert wird. Die Führungen laufen im Sommer regelmäßig.

77

Alter Leuchtturm
Zedeliusstraße 3
(Nähe Bahnhof)
26486 Wangerooge
04469 8324
www.leuchtturm-wangerooge.de

Malstudio Palette
Obere Strandpromenade 3
26486 Wangerooge
04469 99243

BIS HELGOLAND

Alter Leuchtturm

Bald 1,5 Millionen Menschen waren schon oben im Leuchtturm und haben den schönen Rundumblick aus 39 Metern Höhe genossen. Das ist herrlich und bei jedem Wetter ein tolles Erlebnis. Bei klarer Sicht ist sogar das 43 Kilometer entfernte Helgoland zu sehen. Auf dem 161 Stufen langen Weg nach oben liegt die ehemalige Wachstube. Da werden Paare getraut. Das Heimatmuseum mit seinen Exponaten ist ebenfalls sehenswert: Vom Pottwalzahn über alte Gästelisten bis zur Bernsteinsammlung findet der Besucher hier viel Anschauungsmaterial. Es ist ein fröhliches Stöbern in der Vergangenheit der Insel.

Am 1. Oktober 1856 ging der Leuchtturm in Betrieb. Er stand damals im Osten der Insel. So sehr hat sie sich seither durch Wind und Strömung nach Osten verlagert, dass sich der Alte Leuchtturm inzwischen eher in der Mitte Wangerooges befindet. Seit 1896 sorgte eine große Laterne mit elektrischer Bogenlampe für mehr Leuchtkraft. Strom kam von zwei Dampfmaschinen mit Dynamos im Maschinenhaus nebenan. Als aber die ersten Hotels an der Nordseite entstanden, musste der Leuchtturm aufgestockt werden. Sonst wäre der Lichtstrahl durch diese hohen Häuser unterbrochen worden. 1927 erhielt er seinen weißen, sieben Meter hohen Aufsatz und war nachts sogar 56 Kilometer weit auf See an seinem Doppelfeuer zu erkennen. 1968 erlosch es endgültig. Danach war es ein langer Kampf engagierter Insulaner, bis das schmucke Stück schließlich für den symbolischen Kaufpreis einer D-Mark in den Besitz der Gemeinde gelangte und die es seither auf ihre Weise nutzt.

Oben am Geländer weht die stolze Flagge vom Oldenburger Land: rotes Kreuz auf blauem Grund. Sie ist ganz anders als die »Kriegsflagge« der Ostfriesen, die nach den Worten des Komikers Otto einen weißen Adler auf weißem Grund zeigt. Übrigens gehört Wangerooge zu Friesland und ist genaugenommen gar keine Ostfriesische Insel.

Eigene künstlerische Kraft lässt sich im Malstudio Palette am Gesundheitszentrum entfalten. Kurse unter Anleitung geben einem den richtigen Kick für schöne Bilder.

78

Tuunpad
Erreichbar vom westlichen Ende der Friesenstraße sowie von der Straße zum Westen, die südlich der Dünenhalle verläuft
26486 Wangerooge

Inselticket:
www.inselticket.de

DAS ALLSEITS GELIEBTE GRÜN

Tuunpad

Was macht der bunte, überlebensgroße Hahn da im Wald? Er erfreut die Kinder. Was spiegelt sich so schön im dunklen Wasser der Miniteiche? Es sind die Büsche und Bäume ringsum. Wann blüht die Heide? Meist im August und September. Diese Fragen werden bei einem lockeren Gang durch das etwa drei Hektar große Wäldchen beantwortet, das sich an der Straße zum Westen entlangschlängelt. Auf dem Weg zum Friedhof haben muntere Wangerooger Bürger seit 1956 in jahrelangem Einsatz dieses kleine, windgeschützte Grün geschaffen. »Tuun« ist Friesisch und bedeutet Garten, »Pad« ist der Weg. Besucher der Insel sind häufig überrascht, so einen hübschen Wald anzutreffen. Sie erwarten außer Sand und Strandhafer oft nicht viel mehr. Der Spaziergang lohnt sich zu jeder Jahreszeit. Da blühen Osterglocken und Schneeglöckchen im März. Da sind Kiebitze und Schmetterlinge unterwegs. Da fordern wild verwachsene Bäume die Fantasie heraus. Es ist ein Idyll, das sich in vergleichbarer Weise auf der Insel nirgends sonst findet, und das so nah am Ort liegt. Oft sind hier Einheimische anzutreffen, denn das Wäldchen wird auch von allen Wangeroogern sehr geschätzt. Kinder spielen hier gern und sind auch mit ihren Klassen unterwegs – es ist ein hervorragender Lernort. Für die Kleinen wird der Tuunpad schnell zum Lieblingsort.

Wer das Wäldchen Richtung Norden verlässt und die Straße zum Westen überquert, ist im Teichgarten angekommen. Gegenüber vom Fußweg zum Westen stehen Fitnessgeräte. An denen lässt sich die Bewegung noch weiter verfeinern. Das Kinderspielhaus Sockenland und die Dünenhalle sowie Tennisplätze liegen nun vor einem. Was für ein schöner Abschluss dieses kleinen Ausflugs ins immergrüne Wangerooge. Die Kinder warten schon.

Mit dem Inselticket, das von März bis Oktober gilt, lassen sich bei der Überfahrt sowie in vielen Geschäften und Lokalen Vergünstigungen erhalten, die bis zu 120 Euro ausmachen können. Das Inselticket gibt es auch für andere Inseln.

19

Dünenspielplatz
Westlich der Elisabeth-Anna-Straße, Richtung Bielefelder Haus Wangerooge
Fußweg Zum Westen 5
26486 Wangerooge

Auskünfte zum Spielen für Kinder:
www.wangerooge.de

EIN LEUCHTTURM ZUM RUTSCHEN

Dünenspielplatz

Wenn schon ein rot-weißer Leuchtturm ein Wahrzeichen der Insel ist, dann muss er auch auf diesen neuen Spielplatz – in kleiner Ausführung versteht sich. So lässt sich spielerisch mit den Objekten der Großen umgehen. Die Kinder steigen in dieser Nachbildung – wie im bekannten Vorbild – innen hinauf und nehmen durch die silberne Tunnelrutsche den kurvigen Weg nach draußen. Vielleicht wäre so eine Außenrutsche nochmal eine gute Idee für den großen Bruder am Bahnhof. Hier macht die schnelle Fahrt auf jeden Fall richtig Spaß. Juchhe! Das gibt Schwung!

Dieses Terrain für Kinder zwischen den Dünen hat natürlich auch ein imposantes Schiff aus Holz zu bieten. Da können alle herrlich klettern, das Kommando übernehmen, klarmachen zur Wende und unten im Sand spielen. Den Gestaltern des Dünenspielplatzes waren die maritimen Elemente besonders wichtig. Eine weitere Attraktion für Klein und Groß ist die Seilbahn. Auch das bringt Schwung. Es gibt riesige Hängematten, Schaukeln und Kleingeräte. Wer den alten Spielplatz kennt, wird diesen Quantensprung zu schätzen wissen. Doch immerhin waren damals zumindest eine Seilbahn sowie Schaukeln und eine Rutsche mit von der Partie.

Für Eltern ist es ein schönes Gefühl, dem Treiben der Kinder an den Geräten zuzusehen. Der Platz liegt ideal zwischen der Surf- und Segelschule sowie dem Kinderspielhaus und der Dünenhalle. Hier kommen viele vorbei. Schließlich ist es nicht weit zum Freizeitbad Oase oder dem Gästekindergarten. Ein weiterer Vorteil ist die windgeschützte Lage hinter den Dünen. So fliegt einem auch bei stärkeren Böen nicht die Mütze vom Kopf. Hier lässt es sich einfach wunderbar toben, sodass abends alle müde in ihre Betten sinken.

Ganz in der Nähe liegt der Aussichtspunkt am Tagesstrand. Es ist die höchste Erhebung auf der Insel und bietet beste Blicke zum Strand, auf die Dünen, den Ort und hinüber zum Festland.

80

Tagesstrand
Bei der Surf- und Segelschule am westlichen Ende der Oberen (oder Unteren) Strandpromenade
26486 Wangerooge

Nationalpark-Haus Wangerooge
Friedrich-August-Straße 18
26486 Wangerooge
04469 8397
www.nationalparkhaus-wattenmeer.de

WO DER SCHAUM KNISTERT

Tagesstrand

Vom Strandgut haben Generationen von Insulanern auf aller Welt gelebt. Böse Zungen behaupten sogar gern, früher seien die Einheimischen strikt gegen das Errichten von Leuchttürmen gewesen, weil diese die Chance, Schiffe an der eigenen Küste stranden zu sehen, stark minimierten. Auch heute laufen hier manchmal noch Schiffe auf Grund. Häufiger verlieren sie Ladegut, was dann anspült. Aber nicht nur deshalb lieben es die Menschen, den Strand abzulaufen und neugierig vor ihre Füße zu schauen. Was da alles zu sehen ist, überrascht immer wieder aufs Neue.

Wer am langen Strand von Wangerooge entlanggeht, findet am Spülsaum ständig allerlei Reste, die das Meer mit der Flut heranträgt. Neben Muscheln, Holzstückchen und Federn liegen Algen, Kleinkrebse und Schalentiere. Stets eingebettet im Schaum der sich totlaufenden Wellen. Er knistert oft sogar ein wenig und krönt das Rauschen der Brandung zaghaft.

Dann wieder fegt der Wind Sand über die Fläche. Der Strand bekommt Falten, Muster von Fabelwesen entstehen. Sandkörner tanzen. Staub verdichtet sich. Plötzlich rinnt Wasser durch einen Priel zurück ins Meer und hat schon einen kleinen Canyon ausgewaschen. Es ist dieses famose Vielerlei, was die meisten in den Bann zieht, wenn sie diesen Übergang von Meer zum Land unter die Lupe nehmen.

Verstört stellen manche dabei fest, wie viel Plastikreste sich am Ufer ablagern. Inzwischen ist das altbekannte Problem wieder in die Schlagzeilen geraten und scheint einen Ruck auszulösen. Es lässt sich nur erahnen, wie viele Meeresbewohner und Seevögel schon an den vermeintlichen Appetithäppchen verendet sind, die sich als unverdauliche Stücke im Körper festsetzen. Plastik gehört nicht an den Strand. Wer es sieht, kann es einsammeln. Niemand muss bis zum offiziellen Müllaktionstag warten.

Das Nationalpark-Haus Wangerooge bietet Spülsaum-Exkursionen unter fachkundiger Führung an.

81

Digger's Strandbar
Obere Strandpromenade 3
26486 Wangerooge
04469 642

Schiffsbewegungen verfolgen:
www.marinetraffic.com

13 Regeln für die Gäste

Digger's Strandbar

Keck grinst ein Hai von oben. Surfbretter schmücken die Decke unter dem Dach. Alte Radios zieren den Kuchentresen. Es ist voll und voller Originalität in Digger's Strandbar. Jan-Dirk heißt der Chef, daraus leitet sich »Digger« als Spitzname ab. Schon war der Name für dieses außergewöhnliche Café Wangerooges gefunden.

Wer die Hauskarte aufschlägt, findet 13 Regeln, die hier befolgt werden müssen. »Sollte es mit dem Service mal länger dauern, genieße die Aussicht«, lautet eine davon. Das ist zwar selten der Fall, aber zum besseren Blick durch die großen Panoramafenster liegen Ferngläser bereit. Schiffe für die Fahrrinnen der Weser, Jade und Elbe tuckern vorbei. Die Deutsche Bucht hat immerhin mehr als 100.000 Schiffsbewegungen im Jahr. Wer mehr wissen will, findet zu jedem Boot im Internet verblüffend viele Informationen. Formal wird hier auch auf anständige Kleidung Wert gelegt, gerade im Sommer. Gut, ein Smoking ist nicht nötig, allerdings besagt Regel sieben: »No Shirt, No Shoes = No Service. Ach Relax, wir sind am Strand, aber ein Höschen wäre schon galant.«

Geöffnet wird vormittags, alles andere ist jedoch flexibel, je nach Lust und Laune, wie es schon am Eingang zu lesen ist. Wer seinen Kaffee lieber mitnimmt (heute politisch korrekt nur mit dem wiederverwendbaren To-Go-Becher des Verkehrsvereins Wangerooge), wird friesisch gefragt: »Wäch inne Hand?« Oder einfach drinnen das Lieblingsgetränk genießen. Sanddorn-Gin gibt's auch. Neuerdings hat das Digger's einen Außenposten auf der Promenade in Sichtweite – die Schirmbar. »Das ist ein Feeling wie in der Après-Ski-Hütte«, erzählt der Barkeeper. Heiße Stimmung ist garantiert. Da wird gefeiert und gesungen. Na, dann Prost!

Auf der Insel heißt das fröhliche Mitsingen zu den Klängen des Schifferklaviers nicht Karaoke. Hier geht es beim Singen am Meer um *Karaooge*. Seemannslieder, Shantys und Schlager kommen zu Gehör.

82

Café Pudding
Peterstraße 15
26486 Wangerooge
04469 220
www.cafe-pudding.de

Bade- und Burgenstrand
26486 Wangerooge
04469 990
(Kurverwaltung)
www.wangerooge.de

EIN HAFEN FÜR STRANDURLAUBER

Am Café Pudding

Wer auf Wangerooge »einmal um den Pudding« geht, umkreist das wohl bekannteste Café der Insel. Es trägt den Namen Café Pudding und ist aus einem Bunker entstanden, der in die Düne gebaut worden war. 1948 pachteten die Vorfahren der heutigen Besitzer das Relikt und eröffneten darauf einen Kiosk. Bald wurde daraus ein schickes Café mit erstklassigen Eis- und Kuchenangeboten. Der Blick von dort fällt auf den Strand und auf die Strandkörbe. Sie stehen für die besten Stunden am Strand. Heute sind fast alle leer. Sie haben sich – wegen des strammen Westwindes – hübsch nach Osten geöffnet und warten auf neue Gäste. Es ist ein seltener Anblick, denn meistens herrscht hier großer Trubel. Der Bade- und Burgenstrand ist bei Familien beliebt. Er ist wie eine riesige Sandkiste wunderbar zum Spielen geeignet. Ob Ebbe oder Flut, das Wasser ist nie weit weg. Also gibt es immer Gelegenheit, die Füße (oder mehr) hineinzuhalten. Dann zurück zum Strandkorb, der den Tag über als wohliger Rückzugsort genügend Privatheit garantiert. Die Rettungsschwimmer sind von Mitte Mai bis Mitte Oktober da und werfen ein Auge auf die Badenden. Die Kurverwaltung bietet ständig Kurse am Strand an – hier Yoga, dort Gymnastik.

Das Schöne auf Wangerooge: Die Schiffe sind zum Greifen nah. Das liegt einerseits an ihrer Größe. Es sind Riesenkähne, die in die Elbe (nach Hamburg), in die Weser (nach Bremerhaven) oder die Jade (nach Wilhelmshaven oder zum Jade-Weser-Port) fahren. Andererseits ist die Fahrrinne nicht weit entfernt.

Wer genug Strandgefühl getankt hat, seine Siebensachen packt und noch kurz einkehren möchte, landet wieder im Café Pudding. Es wirkt wie ein Leuchtturm auf Schiffe und ist gleichzeitig wie ein Hafen. Herrlich!

Mit der Wangerooger Inselbahn durch die Salzwiesen fahren und Vögel beobachten, ist der Hit, besonders zu den Zugvogeltagen im Herbst.

83

St. Willehad
Ecke Peterstraße/
Westingstraße
Damenpfad 20 (Pfarramt
und Bibliothek)
26486 Wangerooge
04469 231
www.st-willehad.de

Musikveranstaltungen in
den Kirchen:
www.kirche-am-meer.de
und www.wangerooge.de

SETZE NEU DEINE KRONE AUF!

St. Willehad

Es ist eine kleine Holzfigur, mehr nicht. Sie sitzt. Das Schönste jedoch ist: Sie lässt sich von der Kirche St. Willehad aus überall hin auf der Insel für kurze Zeit mitnehmen (bitte vorher den Pfarrer fragen) und wiederbringen. Das haben mehr als 300 Menschen in einer Saison getan und die Fotos, die sie mit der sitzenden Holzfigur an ihrem Lieblingsplatz schossen, auf die Internetseite der Kirche gestellt. »Wir waren so überrascht, wie viele das taten und vor allem, wie zufrieden sie dabei lächelten«, stellt Pfarrer Egbert Schlotmann dazu fest. Es ist nämlich nicht irgendeine Figur, ursprünglich waren es sechs kleine Königinnen und Könige. Geschaffen hat sie der Bonner Künstler Ralf Knoblauch.

Zu der Aktion, die sich Schlotmann ausdachte, schrieb er ein Gedicht mit dem Titel »Auch Du ein König, auch Du eine Königin«. Darin heißt es: »Lächle deinem Leben zu. Setze neu deine Krone auf.« Die innere Würde, die jedem Menschen geschenkt wird, kommt hier zum Ausdruck, wie der Pfarrer betont. Jeder soll den passenden Platz für sich finden. Es geht um Respekt und Anerkennung, um Selbstwertgefühl. Das alles anhand einer Holzpuppe klarzumachen, ist schon großartig.

Nun sitzt nur noch eine Königsfigur (die übrigen wurden dem Künstler zurückgegeben) am Altar der Kirche, mitten in einem Kunstwerk aus Strandgut, das in einer Urlauberteamzeit dort erstellt wurde. »Kunst und Spiritualität liegen eng beieinander, ich betone das gern und finde dazu jedes Jahr ein neues Motto«, erzählt Pfarrer Schlotmann. Wer das vertiefen möchte, kann im Haus Ansgar, das gerade renoviert wurde, Angebote für Exerzitien und geistliche Tage wahrnehmen. Auch die Bibliothek hält passende Bücher zum Ausleihen bereit. Dem Leben Orientierung und der Sehnsucht Raum geben – diese Leitlinie deckt sich mit der Vorstellung, wieder Königin oder König (über das eigene Leben) zu sein.

In den Kirchen erklingt nicht nur Kirchenmusik: Gospelkonzerte und Künstler verschiedener Genres treten in der evangelischen sowie katholischen Kirche auf.

84

Seelenpfad
Östlich des Dorfes,
Richtung Café Neudeich
Straße Zum Osten 1
26486 Wangerooge

Weitere Informationen:
St. Willehad Wangerooge
Damenpfad 20
26486 Wangerooge
www.st-willehad.de

AUFBRUCH TROTZ GRENZEN

Seelenpfad

Das Licht der Morgensonne kitzelt im Gesicht. Die Spaziergänger sind auf dem Weg Richtung Osten, vorbei am Flughafen und Golfplatz. Es ist eine beliebte Jogging- und Wanderstrecke. Bei dem häufig vom Meer her wehenden Wind bleibt hier im Lee der Sanddünen alles etwas ruhiger. Zwischenziel ist das Café Neudeich. Spätestens dort führt ein Weg links hinauf in die Dünen. Schon eher führen Abzweigungen hinauf in den bewachsenen Dünensand. Von Zeit zu Zeit erfreuen dort Tafeln mit Gedichten und kurzen Prosatexten den Spaziergänger. Der Seelenpfad mit zwölf Stationen wurde einst vom Lionsclub Wangerooge und der Kirchengemeinde St. Willebad geschaffen. Da ist Erich Kästner zitiert, der über das Ende des Jahres und das Ende des Lebens sinniert. Erich Fried kommt zu Wort. Er dichtet vom sägenden Sand und dem Schlurfen der kleinen Steine in langen Wellen. Margot Käßmann macht sich über das Glück im Augenblick Gedanken. So wird dieser Pfad zwischen Sand und Himmel zu einer Reise in die Ferne und zu sich. Angeregt durch diese Verse verlassen viele BesucherInnen den Pfad beschwingt, manchmal auch etwas nachdenklich. Es ist immer eine Bereicherung. Der Inselpfarrer Egbert Schlotmann von St. Willebad hat selbst ein paar Gedichte beigesteuert. In einem heißt es: »Aufbrechen, obwohl es Grenzen gibt. Neuland entdecken.« Das macht Mut für die persönliche Zukunft und das Vertrauen in sich selbst.

Zweimal im Jahr werden die Verse ausgetauscht und den Jahreszeiten angepasst. Für den Sommer hat Georg Heym die *Träumerei in Hellblau* parat: »Alle Landschaften haben sich mit Blau gefüllt.« Und ein unbekannter Dichter steuerte dies bei: »Zeit ist das begrenzte [sic!] Mittel, das du zur Verfügung hast. Deshalb nimm dir Zeit, den Duft der Rosen zu genießen.«

Zwei Schlafstrandkörbe stehen in Verlängerung des Bootsweges östlich vom Hundestrand vor den Dünen. Hier zu übernachten, ist ein Erlebnis. Zu buchen sind sie über die Kurverwaltung.

85

Oststeert
Erreichbar Richtung Osten auf der Straße Zum Osten und an der Wattseite der Insel entlang bis zum Ostende.
26486 Wangerooge

Golfclub Insel Wangerooge e.V.
Siedlerstraße
26479 Wangerooge
0172 3614858
www.golf.projekt-zone.de

Einst ein tidefreier Hafen

Oststeert

Die schwarzen Pfähle im Wasser sind die Reste der Inselbahn, die bis 1958 hier fuhr. Vom Ostanleger – der Lloydbrücke – aus verkehrte eine private Fähre nach Wilhelmshaven. Lange ist das her, doch die früheren Ständer für die Gleise der Inselbahn stehen noch dekorativ im Wasser. Es hat einen besonderen Reiz, sich am östlichsten Zipfel der Insel umzusehen. Die Dalben haben eine dicke, vernarbte Rinde, die einer Elefantenhaut ähnelt. Sie scheinen ewig zu halten. Grüne Meeralgen machen sich hier und da breit. Die Sonne glitzert. Es ist einer der ruhigsten Plätze auf Wangerooge. Kaum vorstellbar, dass hier einst in engem Takt Züge fuhren, schließlich war der Hafen tidefrei. Es konnte jederzeit an- und abgelegt werden. Das wünschen sich heute wieder viele auf der Insel, denn der jetzige Hafen, betrieben von der Deutschen Bahn, ist auf genügend Wasser angewiesen, folglich abhängig von Ebbe und Flut.

54 Jahre lang fuhr die Bahn zum Ostanleger. So gelangten viele der rund 12.000 Badegäste im Jahr (Zahl von 1911) über diesen Weg nach Wangerooge. Karl Baedeker beschrieb in seinem legendären Handbuch für Reisende *Nordwest-Deutschland* von 1911 auch den Anleger am Westturm, den es damals schon gab. Die Eisenbahnfahrt dorthin kostete 20 Pfennige, das Dampfboot fuhr auch nach Norderney, es gab Schiffsverkehr zu den anderen Ostfriesischen Inseln und nach Helgoland. Die Miete für einen Strandkorb betrug damals auf Wangerooge übrigens zwei bis vier Mark für zehn Tage, ein Zimmer in einer Privatwohnung kostete acht bis 15 Mark pro Woche. Im Bahnhof gab es ein Restaurant, das für ein Mittagessen 1,75 Mark nahm. Ein warmes Bad mit Seewasser war im Ort für 1,50 Mark zu haben.

Die Dalben im Watt am früheren Ostanleger sind stumme Zeugen einer vergangenen Betriebsamkeit und verleiten zu Träumen von fernen Zeiten.

Warum nicht einmal eine Runde Golf spielen? Schnuppertraining in der Saison vereinbaren.

86

Flughafen
Siedlerstraße 39a
26486 Wangerooge
04469 414 (FLN-Express)
und 04464 94810 (Flüge)
www.inselflieger.de

VERTRAUEN AUF DEN RÜCKENWIND

Flughafen

Den kleinen Platz vor dem Flughafen ziert ein lustiges Fluggerät. Es ist ein Doppeldecker, gekreuzt mit einem Hochrad. Das hat vorn ein großes, hinten kleines Rad. Ein riesiger Propeller dient als Heckantrieb. Vorn sitzt ein hellblau gekleideter Mann mit Zylinder stolz am Knüppel und scheint das Gefährt zu steuern. Wohin, das ist die Frage. Je nach Wind dreht sich der rückwärtige Propeller schneller oder langsamer. Vom Fleck kommt der Doppeldecker nicht, denn das hübsche Fantasieflugzeug ist an einer Stange befestigt und dreht sich allenfalls im Kreis.

Das Ganze ist ein Geschenk des Taktischen Luftwaffengeschwaders 71 »Richthofen« aus Wittmund. Die SoldatInnen sind regelmäßig Gast auf der Insel und pflegen seit 1995 eine Patenschaft zur Gemeinde Wangerooge. Freiherr Manfred von Richthofen, dessen Namen das Jagdgeschwader der Bundeswehr trägt, war ein bekannter Jagdflieger im Ersten Weltkrieg. Der Rote Baron, wie er auch genannt wurde, flog ebenfalls einen Doppeldecker, den Albatros D.V.

Doppeldecker sind auf Wangerooge heute nicht mehr im Einsatz. Aber viel Spaß machen die Rundflüge, die bis zu einer Stunde dauern. Dabei sind die Ostfriesischen Inseln von oben zu betrachten, die Schiffe in der Deutschen Bucht und die langen Sandstrände unter einem. Es ist ein wunderbares Gefühl, die Landschaft, die Insel und das Meer von oben zu erleben. Wer zunächst nur ein kurzes Flugvergnügen sucht, ist mit einem Hüpfer zum Festland nach Harle oder zur Nachbarinsel Langeoog gut bedient. Es sind jeweils kaum mehr als fünf Minuten Zeit in der Luft. Beliebt sind auch die Hochzeitsflüge, die ganz individuell vereinbart werden können. Der FLN-Express, ein umweltfreundlich betriebener Kleintransporter, übernimmt die Reise am Boden und lässt sich auch unabhängig vom Flug buchen.

Um den Flugplatz führt eine rund fünf Kilometer lange Nordic-Walking-Route. Zwei weitere sind auf Wangerooge ausgeschildert. Zudem gibt es Thalasso-Therapiewege.

87

Dorfgroden
In der Christian-Janßen-Straße zwischen den Häusern 6 und 6a den kleinen Weg hinauf zum Dorfgrodendeich nehmen.
26486 Wangerooge

WOHLGEFÜHL AM WEGESRAND

Dorfgroden

»Groden« ist hauptsächlich im östlichen Teil Ostfrieslands, in Friesland und im Oldenburger Land verbreitet. Das hübsche Wort hat mit »wachsen« zu tun – »to grow« heißt es im Englischen. Hier auf Wangerooge ist der Dorfgroden das Gebiet, das südlich des Dorfes im Laufe der Jahrhunderte durch die Gezeiten abgelagert wurde. Groden ist von der See angeschwemmtes Land. Seit vielen Jahren umschließt der Dorfgrodendeich das Neuland nach Süden hin, damit das Meer es nicht mehr überfluten kann. Heute ist es fester, fruchtbarer Boden. Ein schmaler Weg führt von der Christian-Janßen-Straße zwischen zwei Häusern hindurch nach Süden zum Deich. Hier auf einer Bank zu sitzen, ist ein nachhaltiges Erlebnis der Ruhe. Der Blick fällt Richtung Westen auf die Wiesen und den Inselhof mit den Pferden. Östlich liegt am Ende des Dorfgroden in einiger Entfernung ein Spielplatz.

Es ist einer der idyllisch-ruhigen Plätze auf Wangerooge, gesäumt von Bäumen. Und das macht diesen Ort zu jeder Jahreszeit attraktiv. Es könnte leicht der Lieblingsplatz jedes Gastes werden, doch die wenigsten kommen hier vorbei. Die Blätter säuseln im Wind. Ihr Grün betört. Die frische Luft, die etwas salzig vom Wattenmeer herüberweht, ergänzt das Gefühl. Tief durchatmen! Allein wegen dieser reinen, jodhaltigen Luft kommen viele auf die Ostfriesischen Inseln. Der Körper sendet ein Wohlgefühl aus, sobald er sie einatmet. Dazu wirken die Bäume im Dorfgroden beruhigend auf den Kreislauf und die Seele.

Im Süden führt der Weg über eine kleine Holzbrücke und dann hinauf zum Deich. Wer sich von dort oben umblickt, hat ein schönes Bild des Weges mit dem Alten Leuchtturm dahinter vor Augen. Was für ein besonderer Ort – zum Wiederkommen und Durchatmen.

Wer gern entschleunigt, findet auf Wangerooge im Herbst und Winter ein Workshop- und Seminarprogramm zur Selbstfindung und Selbststärkung (etwa im Seminar »Nah bei mir«). Ebenfalls gibt es Fastenwandern und Schreibseminare.

88

Westturm
An der Jugendherberge Wangerooge
Straße Zum Westen 38
26486 Wangerooge
04469 439
www.wangerooge.jugendherberge.de

Festtermine:
www.wangerooge.de

SILBERN GLITZERT DAS WATT

Westturm

Im Westen nichts Neues. Das wäre eine beruhigende Nachricht gewesen für die Wangerooger. Aber über Jahrhunderte litten sie unter dem Verlust von Land im Westen. Jahr für Jahr gräbt sich die Nordsee etwas ab. Hinzu kommt der Wind. Er und die Strömung lassen die Inseln ostwärts driften. Nur durch massive Befestigungen ist dem jetzt weitgehend Einhalt geboten. Das Harlegatt, durch das Wasser zwischen Watt und Nordsee mit den Gezeiten hin- und herströmt, nagt kräftig an der Westseite Wangerooges. Lange Buhnen sollen das verhindern.

Somit stünde der Westturm, im 14. Jahrhundert als Kirchturm der Nikolai-Kirche im Inseldorf errichtet, heute schon etwa fünf Kilometer westlich im Meer oder auf Spiekeroog. Doch er versank im Meer, wie die gesamte Kirche mit dem umliegenden Dorf. Um das Jahr 1600 wurde der zweite errichtet, und zwar als Leuchtturm. Dieser war insbesondere den Bremer Kaufleuten wichtig, damit die in die Weser fahrenden Schiffe den Weg fanden. Später erlitt das Gebäude das Schicksal eines Mehrzweckspeichers und diente als Kirche, Gefängnis, Eiskeller und Lager für Strandgut, bis es 1860 durch eine Sturmflut stark beschädigt wurde. 1914 sprengten es deutsche Soldaten, angeblich um den Feind zu verwirren. Der in den 1930er-Jahren errichtete Westturm dient heute der Jugendherberge als schmuckes Bauwerk und ist tatsächlich eine Landmarke. Im Gegenlicht von den Waggons der Inselbahn Richtung Fähranleger aus gesehen, schimmert er bleiern. Das silbern glänzende Wattwasser, durch das die Gleise bei Flut führen, beschert dem stattlichen Turm eine hübsche Kulisse. Seeschwalben ziehen durch die Luft. Wolken dosieren den Lichteinfall. Es ist ein fast dramatisches Schauspiel auf der kleinen Zugreise hin zum Wasser. Und ein willkommener Abschiedsgruß von einer zauberhaft schönen Insel.

Vormerken lassen sich schon früh die wichtigsten Feste auf der Insel: Mittsommer, Miesmuscheltage und zwei Open-Air-Veranstaltungen.

KRIMIS VON KNUT DIERS

978-3-8392-2370-3

Willy Brandt wird am 1. Januar 1982 der erste Präsident der Vereinigten Staaten von Europa und ist auf dem Höhepunkt seiner Laufbahn. Wie sieht der Vielvölkerstaat mit einer Milliarde Einwohnern aus? Und wie verkraftete Brandt das spurlose Verschwinden seines engsten Mitarbeiters 1978 in Büsum? Ein vertrackter Aufklärungsmarathon beginnt. An Abenteuern aller Art mangelt es nicht – mittendrin steht der Chefermittler Hansen, der auch gern »Leuchtturm« genannt wird. Doch wie gelingt es ihm, einen 40 Jahre zurückliegenden Mord aufzuklären?

Jana Kuhlmann, die 39-jährige Chefermittlerin in Lingen, ist unerschrocken und zielstrebig. Zu dumm nur, dass ihr älterer Kollege Jan-Hinnerk Eilers aus Haselünne immer noch nicht akzeptieren kann, dass die junge Frau seine Vorgesetzte ist. Doch ein toter Avantgarde-Künstler im Aschendorfer Gut Altenkamp, eine erschossene Betreiberin eines Bauerncafés im Hasetal oder ein an der Wippinger Mühle aufgeknüpfter Zugereister verlangen vereinte Polizeikräfte. Werden die beiden doch noch zueinander finden und die Vielzahl an Fällen lösen können?

978-3-8392-2060-3

978-3-8392-1863-1

Chefermittler Henry Hansen hat Feingespür, eine robuste Fragetechnik und setzt auf das Feuerwerk an Hinweisen seiner kecken Kolleginnen. Den garstigen Polizeioberrat Dr. Sattler aus Kiel im Nacken und die elf Sylter Tatorte – von den Lister Austernbänken über den Inselzirkus in Wenningstedt bis zum Tod beim Biikebrennen – vor Augen, führt Kommissar Hansen Sie in die Tiefen und Untiefen der beliebten Insel. Mörderische Spannung und eine heimliche Liebesgeschichte mit einem Schuss Champagner wirken sofort.

GMEINER SPANNUNG

WWW.GMEINER-VERLAG.D
Wir machen's spannen